华为团队建设法

高维团队，高举高打

唐文成◎著

HUAWEI

SPM 南方传媒 | 广东经济出版社
·广州·

图书在版编目（CIP）数据

华为团队建设法：高维团队，高举高打／唐文成著. —广州：广东经济出版社，2023. 5

ISBN 978－7－5454－8619－3

Ⅰ. ①华… Ⅱ. ①唐… Ⅲ. ①通信企业—企业管理—团队管理—经验—深圳 Ⅳ. ①F632. 765. 3

中国版本图书馆 CIP 数据核字（2022）第 243841 号

责任编辑：蒋先润
责任技编：陆俊帆

华为团队建设法：高维团队，高举高打
HUAWEI TUANDUI JIANSHE FA：GAOWEI TUANDUI，GAOJU GAODA

出 版 人：李　鹏
出版发行：广东经济出版社（广州市水荫路 11 号 11 ～ 12 楼）
印　　刷：佛山市迎高彩印有限公司
（佛山市顺德区陈村镇广隆工业区兴业七路 9 号）

开　　本：730mm × 1020mm　1/16　　**印　　张**：12. 5
版　　次：2023 年 5 月第 1 版　　**印　　次**：2023 年 5 月第 1 次
书　　号：ISBN 978－7－5454－8619－3　　**字　　数**：192 千字
定　　价：48. 00 元

发行电话：（020）87393830　　编辑邮箱：286105935@qq. com
广东经济出版社常年法律顾问：胡志海律师　　法务电话：（020）37603025
如发现印装质量问题，请与本社联系，本社负责调换

前言
PREFACE

学习华为的高维团队建设，锻造“能打”的团队

“维”原本是空间的度量单位，例如：

零维：没有长、宽、高，单纯的一个点，即奇点，黑洞也是奇点。

一维空间：只有长度，即线。

二维空间：只有长、宽的平面世界，即面。

三维空间：即拥有长、宽、高的立体世界，我们所处的世界就是三维空间，我们肉眼看到的点的位置是由长、宽、高三个坐标所决定的空间。

四维空间：在三维空间的坐标上，加上时间的维度，时空互相联系，就构成四维空间。

科学家的理论认为整个宇宙是十一维的，在爱因斯坦的理论中，宇宙就是时间空间的总和，因而是多维的。

高维世界可实现对低维世界的碾压，换句话说，低维是无法阻挡高维的。什么意思呢？高维存在可以随意地操控低维存在。举例来说，对于三维世界的物体，处于四维世界的人，可以轻松进入其内部进行破坏。

“降维打击”，出自中国科幻作家刘慈欣的经典作品《三体》一书，是指高维世界的外星高级文明使用终极的维度打击武器“二向箔”将太阳系由三维空间降至二维空间的一种毁灭式打击方式。

降维打击被越来越多地引申到其他领域，通过改变对方所处环境，使其无所适从，凸显己方的战略优势，属于战略竞争手段。例如在商业领域，降维打击可用来形容拥有高端技术的群体直接进入低端技术群体的领域，对后者形成碾压式的打击，类似于恃强凌弱、以大欺小，其天然带有压倒性的竞争优势。

科技的进步，推动商业社会采纳先进生产力，淘汰落后生产力。组织形态的演变，也在推动企业组织采取更先进、更高维的团队组织、运作模式。高维团队对低维团队，同样有着无与伦比的先天优势。

华为高维团队区别于低维团队的一个很重要的标志就是，赋予一线团队决策权、行动权，让一线听得见炮声的团队成员能够呼唤炮火。

华为高维团队建设，即围绕能够“呼唤炮火”这一关键词展开的。需要呼唤炮火，说明一线团队本身没有重火力（炮火），这是由于华为进行组织变革时已经将大团队化整为零，团队小型化、扁平化、去中心化，它们具有如下特征：

第一，团队成员可在战场上随机应变、群策群力，具有决策权，且可根据决断结果来呼唤后方的炮火支援，以及时把控战机。

第二，团队领导不再是唯一的权威中心，团队成员各司其职、充分配合、互相补位，呈现出去中心化特征，不再完全服从某一个权威。

第三，赋能小组是充分赋能的团队，首先团队成员是“能赋者”（可被委以重任），其次，赋能小组具备充分的能力和手段，可在一线把握住机会，并及时同后方沟通，呼叫炮火支援，抢占“上甘岭”（拿下目标）。

第四，伴随权力向一线下沉，必然涉及公司组织机构功能的调整和权力的再分配。华为的总部机关已经转型为支持、服务和监管的中心，而不是中央控制中心。

第五，团队成员同公司实现紧密的利益捆绑，成为公司的事业伙伴，不再是打工者，能够共担风险、共享收益。全员持股的企业底层制度设计，将其知识资本转化为企业的财务资本，使员工具有了一定的剩余价值索取权，成为企业的主人。

本书以华为的高维团队为蓝本，对其高维团队的组织特色、建设要求等进行了深入、详细的剖析。高维团队是相对于传统封闭的、单一的、低维的、管控型的团队而言的，其特点是机构精简、反应迅速、功能多样化、自我赋能、自我决策、自我进化、高效协作、运作高效、无坚不摧。希望读者朋友们通过学习华为的高维团队建设，可以锻造属于自己的“召之即来，来之能战，战之必胜”的超能团队。

唐文成

2023 年春

目录
CONTENTS

第一章

高维团队建设顶层设计篇：高屋建瓴的顶层意志

华为高维团队区别低维团队的一个很重要的标志是，能够让一线听得见炮火的团队成员反馈高价值信息，从而调动总部的资源，配合一线赋能小组高效作战，以捕捉到瞬息万变的战机，在一线市场大展身手。

高维赋能团队能不能呼唤炮火的决定因素

低维（传统）团队有如下特征：

第一，团队成员有执行权，无决策权。团队领导做好决策，团队成员负责无条件执行，无自主决策权。

第二，团队领导是唯一的权威中心。团队上下要服从权威，按照领导的指令去推进工作。

第三，严格遵从流程、标准。团队工作要在既有流程、制度的规范下进行，不需要做过多的尝试、改良和创新。

第四，时间由上级安排。团队成员的工作时间基本上完全由上级安排，无自主行动的权限。

低维团队只是组织中的一个执行小组，无法及时向后方反馈来自一线的重要信息，也无法随机应变地捕捉战机。

华为高维团队区别低维团队的一个很重要的标志就是，让一线听得见炮火的团队成员反馈高价值信息，从而调动总部的资源，配合一线赋能小组高效作战，以捕捉到瞬息万变的战机，在一线市场大展身手。高维赋能团队能不能呼唤炮火，由以下因素来决定。

1. 团队成员是否具备战略眼光和大局观

在战争打响的时候，最缺少的是什么人呢？不是那些高级军官、参谋，也不是普通士兵。最缺少的，往往是那些低级军官。他们并不像高级军官、参谋那样，可以决定战争的目标，决定战役什么时候打响，但是真正决定战争走向的人却是他们。一旦在战争当中那些低级军官遭受损失，短时间内是非常难以补充的。能成为低级军官、独当一面的人，必须要站在第一线，亲历过第一线的状况，又要有战略眼光和大局观。正是因为如此，低级军官不是谁都能做的，也很难培养。

团队在培养员工的时候同样如此，想要把团队小规模化，让团队变得更加灵活，更有机动性，更能够在竞争当中处于优势地位，大量的一线人才是必不可少的。他们不仅要懂得服从上级的命令，还要懂得在手中拥有权力的时候可以自己做决定。换句话说，就是要拥有一定的战略眼光和大局观。

为了培养一线人才的战略眼光和大局观，华为各业务领域都在积极推进向一线的授权，其要点主要有以下三个方面。

第一，权力下沉工作方式：在各业务领域沿着流程，通过权利梳理，自上而下加大向一线授权的同时，从集成视角，围绕一线“项目经营细胞”，对准客户和业务结果，自上而下识别并驱动权力下沉；

第二，权力获取方式：权力是由上级主管逐级向下级授予的，进一步直接授予到一线作战岗位；

第三，权力落地方式：华为当下的流程还不能满足一线丰富的作战场景需要，还需进一步场景化，权力的落地要通过流程优化来实现。

以华为代表处为例，他们正在被授予更多的权限，拥有客户的选择权、产品的选择权、合同的决策权，以此来推动后方的各项改革。代表处的决策权仅适用代表处不确定部分的决策，即目前只把代表处不确定部分的决策权下放给他们。

2. 听得见炮声的人能否参与决策

《任正非在美国代表处的讲话纪要（2007）》中指出：“为了更好地服务客户，我们把‘指挥所’建到能听得到炮声的地方，把计划预算核算权力、销售决策权力授予一线，让听得见炮声的人来决策。打不打仗，客户决定；怎么打仗，前线说了算。由前线指挥后方，而不是后方指挥前线。”

在华为，要听得见炮声，员工做好本职工作即是参战。华为已经成了一个组织严密的战斗型团队，敢于直面一切危机和挑战。

3. 团队成员是否能合理地自主安排时间

团队领导尽量少插手下属的工作，突出表现是不对下属的工作时间做过多的掌控与安排。比如，在华为、腾讯、阿里巴巴的一些赋能工作小组中，其团队成员时间的构成大概是：40%由领导安排，30%由其他平级合作伙伴安排，剩下的30%则完全由个人自主安排。也就是说，其中60%的日常工作内容可由自己来做决定，而无须向领导汇报。

当团队成员拥有越来越多的自主时间时，就可能会创造出一些团队、组织内部的新事物出来，甚至推出一些颠覆性创新。

4. 是否鼓励团队成员去“折腾”、试错，提出不成熟的想法

基层低维团队升级为高维模式，很重要的就是提升创造力，从服从模式变成创造模式。

因此，要鼓励团队成员去大胆“折腾”，大胆试错，敢于提出一些不成熟的想法。

新下线的空客A380飞机在首次试飞时，中间有一批特殊的乘客。他们是空中客车公司从世界各地分支机构的1.5万名自愿报名员工中抽取的1900人。这些员工在获得了体验自己工作成果机会的同时，被告知了这样一条特殊的要求——在飞行过程中要尽量去“折腾”，尽其所能地把舱内的各种设施和系统使用到极限。

按时下人们的理解，这不是典型的瞎折腾吗？但就是这类“折腾”，却能够将众人的聪明才智发挥出来，这样才能充分发现飞机在首飞中的各种问题，以及各种设施和系统使用所能达到的极限。

高维团队要允许员工去“折腾”、试错。当然这里所说的“折腾”，不是胡乱折腾，其本意在于，把一件事情翻过来、倒过去做，反反复复、不厌其烦地努力寻求最佳效果。

培养战略耐性：对准一个城墙口持续冲锋

“我们要常怀远虑、居安思危，保持战略定力和耐心，‘致广大而尽精微’。”习主席在2022年新年贺词中，强调了保持战略定力对于我们奋进新征程的重要性和必要性。强国强军的征程不可能一马平川、一帆风顺，这就要求我们始终保持战略定力、战略清醒和战略耐心，不为任何风险所惧，不被任何干扰所惑，走好新的赶考之路。

古人有言：“知止而后有定，定而后能静，静而后能安，安而后能虑，虑而后能得。”战略定力是一种冷静睿智的思维能力，也是一种坚定沉着的行动能力。

国家战略是如此，企业战略也不例外，企业管理中，机会主义很危险。战略是企业决定未来要做什么，决定不做什么，但有时选择不做什么比做什么更难，也更重要。

华为的成功，在“做什么、为什么做、怎么做、什么时候做”中有一套科学的逻辑与严谨的思考。

任正非在一次讲话中提道：“在大机会时代，千万不要机会主义，我们要有战略耐性。”这是华为把握战略机会点的核心逻辑，同时演化出两条华为战略落地的重要方法论：

第一，不在非战略机会点上消耗战略竞争力量；

第二，要敢于在战略机会点上，聚集力量，实施饱和攻击。

任正非在《华为的机会与挑战》中写道：“战略，战略，只有略了，才会有战略集中度，才会有竞争力。我们可选择的机会确实很多，但只有有所不为，才能有所为，我们所为的标准只有一条，就是不断地提升公司的核心竞争力。”

华为选择了通信领域作为主航道，这个行业尽管比较窄，业内也都是世界级的竞争对手，但好在市场规模足够大。于是华为就在该领域实施战略聚焦，数十年如一日地集中资源进攻，培养战略耐性。

福耀玻璃创始人曹德旺有四不做：房地产不做，互联网不做，金融不做，煤矿不做。当被问及为何不做多元化发展时，曹德旺称自己可能比较傻吧，40 年只专注造玻璃。

无独有偶，《华为基本法》起草小组组长彭剑锋曾问过任正非，如何用一个字来概括华为的成功，任正非的总结是“傻”，即认准方向后的“傻干”“傻投入”“傻付出”，简称“华为三傻”（见图 1－1）。

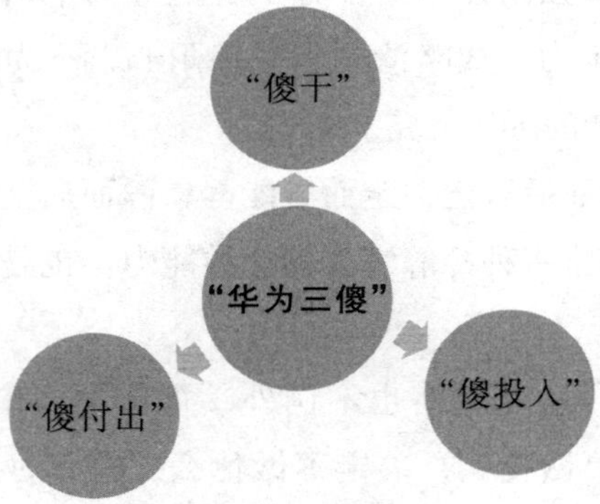

图 1－1　“华为三傻”

华为擅长针对战略机遇进行“傻投入”。30 多年来，中国与世界的经济、社会环境几经更迭，但华为不为外界所扰，没做过一寸房地产生意，对炒股与热钱不闻不问，只专注于一件事情，就是长期坚守通信技术研发和通信产品开发领域。用任正非的话说，华为“只对准通信领域这个城墙口冲锋”。

华为的“傻”当然不是真的傻，而是一种高超的企业生存智慧，不投机取巧、不走捷径，能够抵制各种诱惑，不为“风口”和短期利益左右。华为数十年如一日地对准主航道的战略目标发起进攻，集中资源向同一个方向进军，最终由“傻投入”换来“傻回报”。

确定战略目标后，并不意味着一条道走到黑，在确保公司航向不偏离主航道的前提下，华为也在对旗下业务和战略目标进行优化调整。

其中，最重要的一次战略转型，要数从 B 端（企业端）到 C 端（消费者端）的转型。

早期，华为主要服务对象是 B 端客户，即运营商和企业客户。但随着运营商市场和企业市场增长的乏力，传统的网络设备巨头都举步维艰，而消费者端业务则潜力巨大。再者，华为如果没有了消费者端业务，从生态链的角度上讲就是不完整的，就无法贴近最终用户，无法占据个体流量入口。

华为这次转型就是从大 B 端客户（运营商）到小 B 端客户（企业客户），最后到 C 端客户（终端消费者），具体而言就是 3 个 BG（经营业务单元）的划分，即运营商 BG、企业 BG、消费者 BG，分别面向三大消费群体。这是一个巨大的挑战，全球范围内都几乎没有一家企业可以同时将以上属性差异巨大的三个消费群体服务好。

尤其是在运营思维完全不同的消费者 BG 领域，华为主打产品手机面临的已经是一个完全竞争的市场，不仅有苹果、三星等国际品牌巨头，还有仍然强势的索尼、爱立信、LG 等外资品牌，而国内的联想、中兴、酷派等本土品牌也是不遑多让，更有 OPPO、vivo 两大国货品牌巨星也在冉冉升起，同时还有小米这类的互联网手机公司正杀入市场，这早已是一个竞争惨烈的红海市场。

这样一个市场，短短数年间，华为向终端的转型也获得了巨大成功。统计数据显示，2019 年，华为公司实现全球销售收入 8588 亿元。其中，华为运营商业务销售收入 2967 亿元，同比增长 3.8%；企业业务销售收入 897 亿元，同比增长 8.6%；最受人关注的消费者业务则保持了高速增长势头，销售收入达到 4673 亿元，同比增长 34%。

而且，消费者业务也并没有偏离华为的战略主航道，其突破性成功也同华为深厚的技术积淀密不可分。华为公开的数据显示，其在全球数十个国家和地区构建了研发中心。遍布全球的研发团队，在进行技术创新和积累的同时，也始终在紧盯着主航道，确保华为不在非战略竞争点消耗战略竞争力量。

在《新闻联播》访谈中，任正非表示，“一个人一辈子能做成一件事已经很不简单”。不搞金融、不炒房地产的华为能够以实业发展成一个令美国都望而生畏的国际通信巨头，很大程度上得益于其一条路走到底的坚持，得益于其30多年来对准一个城墙口持续冲锋的战略耐性。

管理者要学会“潜水”

华为强调“让听得见炮声的人呼唤炮火”，要做到这一点，一方面要赋予一线团队足够的权限，另一方面，公司高层也要学会潜水，深入一线，深入基层，才能更好地掌握实情，发现问题，让一线更好地呼叫炮火支援，捕捉战机。

任正非认为，基层对于一个团队来说是至关重要的。干部要从基层中来，更要到基层中去。管理者要学会潜水，要学会深入基层中去，一个团队才能保持健康，才能不断地发现问题、解决问题。

任正非曾明确地说过，那些不下基层的领导，华为是不需要的。领导需要做什么？领导需要了解员工，知道如何激励员工；领导需要了解客户，知道如何来满足客户；领导需要了解市场，只有了解市场，才能对市场未来的趋势做出正确的判断。

CEO 下基层，除了可以提升 CEO 本人的能力，让 CEO 更了解公司的情况外，还可以对基层的管理问题有一个全面的认识。越是庞大的公司，基层的问题也就越多，华为也不例外。

2018 年，华为内网上有不少员工表现出了对基层管理者的不满。他们认为，华为的基层管理者存在着欺上瞒下、抢夺下属功劳、没有自己的想法、不承担责任等问题。当基层员工开始汇报类似问题的时候，说明问题并不是刚刚出现，而是积累已久了。如果 CEO 能经常下基层，那么这些问题就可以在一定程度上得到解决。

任正非在一次会议中指出：“华为公司为什么管理队伍这么庞大，会议这么多，会议又长，而且又议而不决，就是因为会议主持人没有实践经验、心中无数、能力太低，所以不能担责；发出去的文件又不合乎实际，给一线增加负担。这些都是没有一线实践经验造成的。”

为了规避这种问题，华为高管的成长路径通常是螺旋式上升，即高管要有基层经验，要深入一线，要真正弄明白基层的具体工作是什么、怎样把它做好，将来升至高层，不至于是“空军司令”。

例如在华为项目财务板块，任正非曾经要求一部分优秀的项目 CFO 到小项目中去做 CEO，一部分大项目的 CEO 到小项目中去做项目 CFO。“项目 CFO 要懂业务，周末要去到城市附近，爬爬铁塔、装装基站，哪怕不会调试，能把螺丝钉拧上去，也会比别人懂得多一些，就有希望比别人晋升快；项目 CEO 也要学学财务，在这一段电缆中，用工是多少、预算是多少……好好去算一算。”任正非希望通过这种“深潜”的方式培养出大量合格的 CEO。

华为为了让高级干部更好地到最底层接触公司实情，还创造性地提出“少将连长”的概念，任正非说：“少将有两种，一是少将同志当了连长，二是连长配了个少将衔。”华为“少将连长”的产生有两个途径（见图 1－2）：

第一，是高级干部下到基层一线，当基层主管，带小团队冲锋陷阵，充当尖兵。高级干部，如同重装旅，作为资源池，到一线协调指挥重大项目、建立高层客户关系、建设商业生态环境，充分发挥老干部的优势。

第二，就是连长配了个少将衔，即提高一线工作人员的级别，让一线基层主管、骨干因为优秀而被破格提拔，给予很高的职级待遇，目的是吸引优秀人才到一线，长期战斗在一线，让优秀人才直接服务客户，从而创造更大的价值。

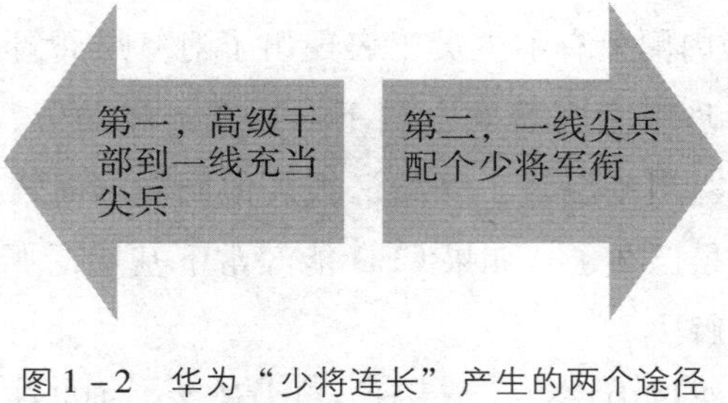

图 1－2　华为“少将连长”产生的两个途径

管理者只有下基层，才能知道问题出在哪里；管理者只有下基层，才能知道公司未来的方向在哪里；管理者必须要学会潜水，经常深入基层去，才能真正地解决问题。任正非也表示，如果中层人员不动起来，5 年都没有下过基层，那么就只能被不断边缘化。

美国通用电气公司的前 CEO 杰克 · 韦尔奇就经常下到基层去，随机到公司的不同区域巡视，找到某个员工与其共进一餐，闲聊一会，以便于了解团队基层出现了什么问题。

“作为美国通用电气公司的董事长和 CEO，最大的好处是什么？”

面对这个问题，韦尔奇的答案只有两个字——“深潜”。韦尔奇的“深潜”，就是一个猛子扎下去，一直到组织的最基层，跟最基层员工在一起工作，他还提出“打滚，做表率”。

“我经常这样做”，“我一直坚持这样做，直到我担任这项职务的最后几天”……从他的自传中的字里行间，也可以发现韦尔奇对“深潜”简直是乐此不疲。

腾讯董事局主席马化腾也曾来到基层，甚至亲身做一线客服人员，与客户直接接触，来了解客户对于产品究竟有怎样的看法。京东的高管们也会在会议上去了解基层人员的工作，去了解客户对京东服务的评价、有哪些投诉。

这些行为，都是高管甚至是 CEO 深入基层的行为，都是精明的“潜水”行为。只有这样，基层管理者才不敢隐瞒问题，公司才能第一时间发现问题，基层出现的问题才能够被及时解决。

总之，一个充分赋能的高维团队里，高层必须经常到基层去，与基层接触，亲身体验一线工作流程，倾听基层员工的意见与反馈，以便得到来自基层的一手信息。想要打造一个高维度团队，需要高层与基层紧密地联系在一起。

让专家为团队赋能

技术实力过硬是华为最大的底气，是华为核心的竞争力。华为的技术实力得益于华为在技术人才招揽和研发的持续高额投入，截至2022年7月，华为在全世界拥有26个研发能力中心，拥有由700多名数学家、800多名物理学家、120多名化学家、六七千名基础科学研究领域的专家，以及6万多名各种类型的工程师组成的庞大科研队伍。

任正非指出："我们鼓励我们几十个研发能力中心的科学家，数万专家与工程师加强交流，思想碰撞，一杯咖啡吸收别人的火花与能量，把战略技术研讨会变成一个'罗马广场'，一个开放的科技讨论平台，让思想的火花燃成熊熊大火。"

在任正非看来，"我们的俄罗斯数学家，他们更乐意做更长期、挑战很大的项目，与我们勤奋的中国人结合起来；日本科学家的精细，法国数学家的浪漫，意大利科学家的忘我工作，英国、比利时科学家领导世界的能力……"

这些世界级的优秀科学家、工程师、专业技术人员，正全流程地引导着华为，为华为赋能，为华为组织、团队的高维属性深挖"护城河"。

在对核心人才的追逐和培养上，三星集团原会长李健熙也有自己的独特见解。在他看来，"在两三个世纪以前，数十万名奴隶才能养活一名君主，而今天一位天才就可以养活数百万人。开发一款成功的软件一年就能成功赚取几十亿美元，为数十万人提供就业岗位。"在这种理念的指引下，三星集团可以为了挖掘一名世界顶级科学家，而豪掷8000万美元的天价年薪。

企业掷出高薪乃至天价年薪的目的只有一个，让他们给企业做出更大的成绩，带来更大的效益。

2018 年 7 月 26 日，华为在深圳总部举办隆重的颁奖仪式，为 5G 极化码（Polar 码）发现者、土耳其籍教授埃尔达尔·阿里坎颁发特别奖项，致敬其为人类通信事业发展所做出的突出贡献。

埃尔达尔·阿里坎教授于 2008 年公开发表了 Polar 码论文，开拓了信道编码的新方向，此信道编码方法是世界上第一种能够被严格证明达到香农极限的信道编码方法，可大大提高 5G 编码性能，降低设计复杂度。2016 年，Polar 码成为华为 3GPP5G NR eMBB 控制信道编码。

埃尔达尔·阿里坎教授在 5G 通信领域的这一基础理论突破，让华为在 5G 的商用层面占尽了先机。

华为历来注重基础科学研究的投入，在每年 150 亿～200 亿美元的研发费用中，有 20%～30% 的额度都是用于基础研究。这或许正是美国制裁华为，而不去制裁其他应用型互联网公司的根本所在。欧美至今长达数十年的芯片垄断，也是因为其基础科学研究领先于我国。我们在应用层做得再好，一旦基础层被封锁，被釜底抽薪，就会处于极为被动的局面。

2020 年 5 月 17 日凌晨，华为心声社区转发海思总裁何庭波致员工的一封信，其中说道："华为多年前已经做出过极限生存的假设，预计有一天，所有美国的先进芯片和技术将不可获得，而华为仍将持续为客户服务。"同时，华为宣布海思将启用"备胎计划"，以确保公司大部分产品的战略安全。

"备胎计划"是华为在 2004 年做出的未雨绸缪的战略安排。彼时，华为刚启动手机业务，核心配件芯片基本上都掌控在西方公司手中，这让任正非感觉到不安，他找到芯片专家何庭波，对她说："给你 2 万人，每年 2 亿美金的研发经费，一定要站起来！"要知道当时的华为全部员工才 3 万人，全公司研发经费不到 10 亿美金。

2019 年，由于美国政府的制裁，已是海思总裁的何庭波才曝出华为的"备胎计划"，外界才得知华为为了防范极端情况的到来，竟然提前那么多年进行了布局。

另外，华为在欧洲等发达市场的突破，得益于两大架构式的颠覆性产品创新，一个叫分布式基站，一个叫无线接入网多制式融合，后者被沃达丰的技术专家称作“很性感的技术发明”。华为的竞争对手们也企图对此进行模仿创新，但一直未有实质性突破，因为这种多制式的技术融合，背后隐藏着复杂无比的数学运算，并非简单的积木拼装。

这种数学运算上的革命性突破，是由华为设在俄罗斯的算法研究所完成的。该所曾不惜代价耗巨资在俄罗斯和法国招聘了数十名全球顶级的数学家，他们创造性地用非线性数学多维空间逆函数解决了 GSM 多载波干扰问题，实现了 GSM 多载波合并，属全球首创，可在一个机柜内实现 2G、3G、4G 三种无线通信制式的融合功能，理论上可以为客户节约 50% 的建设成本，也很环保。

以上产品、市场上的突破，归根结底要归功于华为的人才战略，归功于专家的赋能。尤其是专业技术上的领军人物，是华为面对不确定性的重要力量，也是一线部队最重要的支撑因素和火力支援。当今世界新技术、新业务发展越来越快，专家在团队作战中的作用也越来越重要。而且，随着技术车轮的前进，主官要减少，专家要增多。华为强调给专家赋权，职级和待遇要匹配相应的贡献，牵引专家持续在领域内深入钻研。专家的职级可以高于主官，就如现代军队的军官和士官，得一个“兵王”不容易。

专家不意味着高高在上，只参与评审，不参与具体工作，仍然要参与作战，作为团队中的最强力量用在生产活动中，这样团队的综合战力才会更强。

“不拘一格降人才”，创造条件使专家和人才快速成长，承担更大的责任，激发组织活力，加快专家队伍建设，是华为保障持续有效发展的重要战略性举措。

华为的核心价值观

华为的团队奋斗，离不开企业的核心价值观约束，这些核心价值观是华为在长期的奋斗历史中总结出来的宝贵经验，总结起来是三句话：以客户为中心，以奋斗者为本，长期艰苦奋斗（见图1－3)。

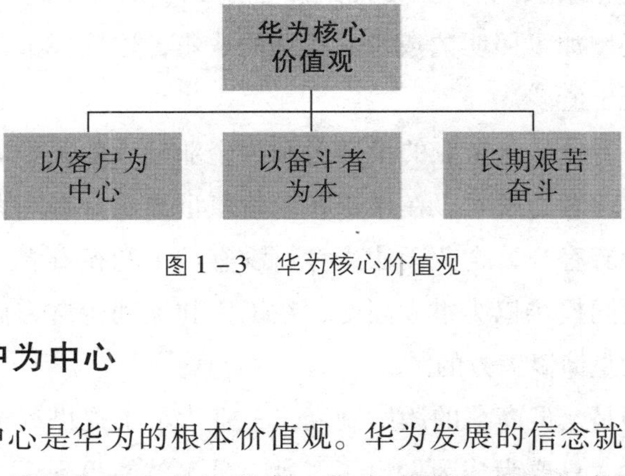

图1－3　华为核心价值观

1. 以客户为中心

以客户为中心是华为的根本价值观。华为发展的信念就是为客户服务，华为发展的动力就是依靠客户的需求，华为成就客户的方式就是坚持为客户创造恒久的价值，华为创造价值和前进的方向同样也是依靠为客户带来优质的服务。华为在成就客户的同时，同样也在成就自己。

早在1997年，华为就明确了以客户为中心的企业价值观，从那时起，在华为的价值体系中，客户利益开始高于一切群体利益。

到了2019年，华为的这一价值观得到了深入贯彻和强化。当年5月，任正非在接受记者采访时称，华为哲学的核心就是以客户为中心，为客户创造价值。

任正非说：“‘以客户为中心’的提法，即东方所谓的‘童叟无欺’，这与西方的‘解决方案’不都是一回事吗？他们不是也以客户为中心吗？我们反复强调之后，大家都接受了这个价值观。这个价值观就落实到考核机制上、流程运作上……员工的行为就被牵引到正确的方向上了。”

2. 以奋斗者为本

在华为的价值观里，为客户创造价值的任何微小活动，以及在劳动的准备过程中，为充实提高自己的能力而做的努力，均为奋斗。否则再苦再累也不叫奋斗。

任正非在同肯尼亚代表处员工座谈时提道：“为客户创造价值才是奋斗，我们可以把煤炭洗得白白的，但这为客户创造不了价值，再辛苦也不叫奋斗。2 个小时可以干完的活，为什么要加班加点拖 14 个小时来干？不仅没有为客户创造价值，还增加了照明的成本、空调的成本，这些钱都是客户出的，却没有为客户创造价值。”

华为的奋斗者也包含企业的投资者和为企业建设的工作者，华为的发展就是要以这些奋斗者为根本。在任正非的价值世界里，奋斗者一直都占有很重要的地位：没有客户，企业无法生存；没有员工和投资者，没有勤勤恳恳的奋斗者，企业同样难以为继。因此，在工资和福利待遇方面，在投资者回报上，华为一向是慷慨大方的。

华为奉行的是全员高薪的激励制度，一直为员工提供远远高于行业平均水平的薪酬待遇，只要为华为做出了贡献，员工就能得到合理的回报。早在创业之初，任正非就曾说：“我们以后一定要买带有大阳台的房子，这样如果钱发霉了，就把钱放在阳台上面晒晒。”

在《华为基本法》中有这样一句话：“公司保证在经济景气时期与事业发展良好阶段，员工的人均年收入处于区域行业相应的最高水平。”

1993 年初，上海交通大学老师刘平辞职到华为做软件工程师，华为给这名有着 8 年工作经验的研究生开出的月薪是 1500 元，比他之前的 400 元工资翻了将近四倍，比当时上海交通大学校长的工资还高。更令刘平感动的是，入职当月他只上了一天班，结果却领到了半个月的工资。第二个月，工资就大幅增长到2600元，之后每月工资都会涨。到1993年年底，他的工资已经到了6000元。这一年他的总收入为4.8万元（按购买力换算大致相当于2022年的50万元）。

根据2019年企业年报，华为在工资、薪金及其他福利上的支出达1349.37亿元，以19.4万名员工计算，华为员工人均年薪酬高达69.5万元。

给员工高额待遇，在华为的核心价值观里，就是“以奋斗者为本”。

3. 长期艰苦奋斗

为什么要坚持长期艰苦奋斗？华为的答案是——“有一天我们不用服务了，就是要关门、破产了。因此，服务贯穿于我们公司及个人生命的始终。”

只要公司存续一天，就要为客户服务一天，华为的奋斗者们就要坚持艰苦奋斗一天，这也是华为奋斗精神的日常化体现。

第二章

高维团队建设基层管控篇：指挥所建在听得到炮声的地方

任正非说，未来的战争是班长（小团队领导）的战争。班长是跟随着战士们始终冲在战争第一线的人。他们是最了解战场情况的，是最清楚前线需要什么的人。未来的企业竞争，想要灵活地调整策略，想要在第一时间找到问题的根源，必须依靠班长，前提是要将指挥所建在听得到炮声的地方。

未来的竞争是班长的竞争

班长是一支军队中最基础的、最小的战斗小组负责人。在一支军队当中，有许许多多个班长，因此，很少有人将班长当成是战争的主角。人们将更多的注意力放在了司令官身上，放在了参谋长身上。而任正非却说，未来的战争是班长的战争。

为什么任正非这么说呢？最根本的原因是，班长是带领战士们始终冲在战争第一线的人。他们是最了解战场情况的，是最清楚前线需要什么的人。未来的战争，如果想要灵活地调整策略，想要在第一时间找到问题的根源，不依靠班长是不行的。

企业中的班长，则是最基层管理者，班长带领的是一个小团队，一个班组，他们是企业最基层协作单元的直接领导者，未来企业的竞争也是班长的竞争。班组的基本特征如下（见图2－1）：

第一，结构最小——班组是企业最基层的单位，从结构上看它最小，往下已不能再分；

第二，管理最全——班组可谓“麻雀虽小，五脏俱全”，涉及企业人力、生产安全、产品质量、产品工艺等方方面面的管理；

第三，工作最细——班组是企业的执行层、操作层，工作要求非常具体细致；

第四，任务最实——所谓“上面千条线，下面一根针”，企业所有使命、愿景、决策、管理实践最终都要具体为班组的细化任务；

第五，群体性强——班组工作是一项群体性很强的活动，需要班长团结

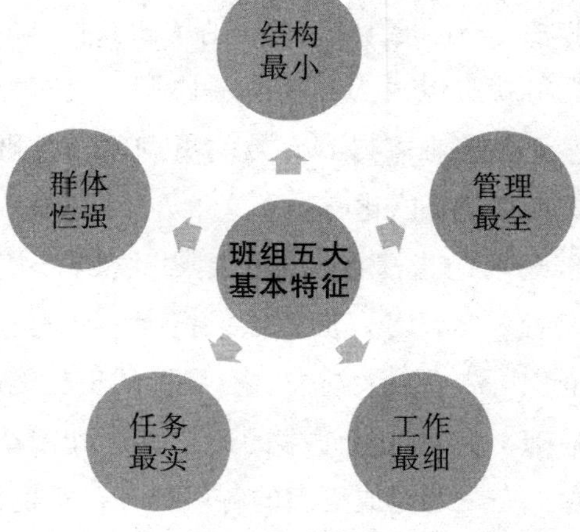

图 2－1　班组五大基本特征

班组成员，集中大家的智慧和力量，使众人行，才能更好地完成任务。

班组是企业进行生产经营活动的基本单位，是企业所有活动的立足点，“根基不牢，地动山摇”，班组就是企业的根基所在，意义重大。国务院国资委原主任李荣融说过：“看企业有没有竞争力，关键要看班组、看岗位。没有优秀的班组作为基石，企业的腾飞就是一句空话。世界上跨国公司和具有综合竞争能力的企业，没有一个是班组建设搞得不好的。如果班组建设搞不好，企业可以兴旺一时，但绝不会持久。”

班组工作开展得好与坏，直接关乎企业兴衰成败。班组管理，就是以班组为对象所进行的计划、组织、协调、控制、监督和激励等管理活动，其目的在于对班组的人、财、物进行合理组织、有效利用。

班长是班组管理的直接组织者、指挥者，也是最基层的负责人，甚至在通常的企业里，班长都不被视为“干部”。在笔者看来，班长基本具备了“干部”的管理职能，是最基层的管理者，扮演着“兵头将尾”的角色。

班长看似“官小”，管理责任不小。他们工作中的大部分时间战斗在前线，能够听得见“枪炮声”，往往第一个发现生产经营中的问题，第一个解决问题，躲在听不到“枪炮声”的地方的班长就是失职的班长。班长管理地位的重要性，表现在以下几个方面：

（1）班长是班组成员的主心骨。如果说班组是企业的“细胞”，那么班长就是班组的“细胞核”，是班组成员的核心。班长扮演的就是一个班组负责人的角色，否则，班组就难以成为一个统一协调、紧密配合的战斗集体，公司上级部门的指令、任务也难以得到有效的贯彻落实，班组运营和工作中的难题也无人进行组织、无从得以化解。

（2）班长是一线现场的指挥者。班长是“兵头将尾”，是直接带领员工从事一线工作的组织者、实践者。班长如果指挥协调不利，管理工作搞得不好，会给班组甚至全公司造成重大损失。会指挥的班长能够让班组运转良好，合理安排和组织好基础工作，营造正常的运营秩序和严格执行劳动纪律，解决运营中出现的问题，完美地完成班组的各项任务，实现企业运营目标。

（3）班长是班组建设的组织者。班组是企业造就培养人才的一线阵地，班长不仅要起到安排员工任务的作用，还要负起组织建设员工队伍的责任。班长要对班组成员开展思想辅导工作，进行理想、信念、道德、纪律、法制等教育，这样才能带出一支有理想、有道德、有文化、有纪律的“四有”员工队伍。

（4）班长是企业中层管理人员的后备军。班长是最基层管理者，优秀的班长前途是无量的，他们是企业培养中层管理者的重要来源。在现实企业环境中，笔者就看到很多优秀的车间主任、科长，甚至生产总监、质量总监、厂长等，都来自班长。

在实际工作中，企业决策层的决策做得再好，但如果没有班长的有力支持和密切配合，没有一批领导得力的班长来组织开展工作的话，那么决策层的政策就很难真正落到实处。

华为经过了20多年的中央集权的管理方式，一度崇尚的是集团冲锋和人海战术，因为当时实力有限，活力不强。今天的华为在过去学习西方公司的过程中已经取得了长足的进步，战略机动部门已经组建，再加上IT流程的支持，其作战方式也有了明显改变，由以往的大兵团进攻向小团队作战演变，一线小作战单位由班长带领，就像美军特种作战小组一样，他们装备精良，权限很大，能够在前线发现战略机会的第一时间，迅速向后方请求火力支援，华为的支援系统会迅速启动，使用各种现代化手段对战略目标实施精准打击。

班长的战争并非班长一个人的战争，需要整个组织的改变和支撑。为了让班长带领班组打赢战争，华为在责任、权利、组织、资源、能力、流程和信息系统等多个组织管理要素上都做出了改变和支撑：

第一，在责任分工方面，将战术指挥重心下沉到一线，高层和机关聚焦战略制定、方向把握及资源调配；

第二，在权力授予方面，行政管理和作战指挥权力分离，基于清晰的授权规则和下属的任务准备度进行合理授权；

第三，在组织配置方面，根据作战需要，模块化地剪裁和调整一线组织；

第四，在资源布局方面，战术资源贴近一线作战部队，战略资源集中布局，快速有效响应；

第五，在能力建设方面，以战略要求为主线，开展综合性能力建设；

第六，在流程运作方面，作战流程是面对复杂多变、不确定的环境，聚焦作战能力的实现，行政管理流程则严谨全面；

第七，在信息系统支撑上，通过构建互通的信息环境，使各级指挥官在任何时间和地点可以获取到完成任务需要的信息，对作战环境形成共同的认识。

一线作战单元特种部队化

看一个美军特种部队的典型作战场景：

阿富汗北部的一处山谷，美军“绿色贝雷帽”特种部队的一个三人战斗小组（分别是军士长、参谋军士兼武器军士、空军参谋军士）在执行搜寻基地组织成员的任务。他们携带的除了各种特种武器外，还有三样东西格外引人注目：一个巨大的橄榄绿瞄准器、一副双筒望远镜和一台能发射激光束的激光瞄准器。

某处阵地，设备安装完毕，军士长目不转睛地盯着瞄准器，对目标区域展开精确扫描，突然，他停了下来，压低声音道：“发现目标。”

参谋军士兼武器军士迅速将目标（一个碉堡）坐标输入联网的军用手提电脑，向空军参谋军士做了个“OK”的手势。

空军参谋军士会心一笑，打开无线电收发两用机，呼叫在附近空域巡逻的两架 F/A－18“超级大黄蜂”战斗攻击机。

数分钟后，听着由远而近的飞机轰鸣声，参谋军士兼武器军士打开激光瞄准器向碉堡前方的空地上发射出一道激光束。

转瞬之间，海军的 F/A－18“超级大黄蜂”战斗攻击机飞临目标上空，其中一架突然向下俯冲，投下了一枚激光制导炸弹。当这枚炸弹穿过大气层时，它内部的智能导航系统便指挥其循着激光束所指示的目标射去。

“轰！”毫无悬念，炸弹直接命中碉堡，一股巨大的黑烟冲天而起，碉堡在剧烈的爆炸中灰飞烟灭。

这是美国“绿色贝雷帽”特种部队的一次典型军事行动，一个地面的特种兵突击小组和后方可随时提供火力支援的战机构成了一个绝对致命的“死亡组合”。

借助这种作战模式，仅仅拥有120多人的美国“绿色贝雷帽”特种部队，先后消灭了3万多名敌军，而其自身付出的却是轻微得几乎可以忽略不计的代价。

为什么美军特种部队有这么大的能量？这主要是因为他们背后有一个强大的支撑系统，被称为“作战参谋部”。特种兵突击小组在战斗一线挺进，支撑系统在后方给予大量的信息、资源、火力支持，打通了不同作战单位、作战系统之间的沟通壁垒，实现了信息共享、资源互通，使得前方的特种兵突击小组能够随时呼叫后方战机的重火力支援。

在企业组织内部存在类似的现象，基层工作小团队高维化的一个重要改变是——要在瞬息万变的市场环境下，承担起类似美军特种部队的角色，快速反应，快速决策，快速拿下市场。

华为团队作战方式正在朝综合性方向发展，提倡前线是“班长的战争”，通过授权，精简班长所带领的前方作战组织，同时缩编后方机构，加强战略机动部队的建设，以便随时为前线的快速作战单元提供支持。

华为缩小基层作战单位，并不是分工上的细化，而是通过让基层小团队配备先进的武器，同时，使其具备快速呼叫后方重火力支持的能力，从而使得一线小型工作团队具备美军特种兵突击小组那样的快速反应能力和作战能力，成为华为部署在各个市场上的快速反应部队。

华为小团队相对以往的大团队，有其独特优势：

第一，沟通效率更高。大团队的沟通效率是远远不如小团队的。如果是大团队，就需要统一规划资源，信息的上报也需要统一进行，需要更长的时间才能解决问题，获得反馈的时间也更长。

当大团队变成了小团队，而小团队拥有更多的权力以后，就能够独立调动资源，就能够将信息统一汇总再与后台支持系统进行沟通。这样就大大提高了沟通效率，节省了小团队的时间，减轻了总公司的负担。

第二，运转效率更高。当一个团队拥有3名成员的时候，需要维护的连接点只有3个。而当团队成员的数量扩大到6个的时候，连接点就增加到了

15 个左右。当团队成员增加到 12 个的时候，需要维护的连接点就有 66 个之多。

这些连接点决定了团队的运行效率，连接点越多，团队就越是容易出现问题，沟通的错误率就会明显提升，协调团队的工作进度就变得更加缓慢，信息的传递也会有惊人的延迟。而特种小团队人员少、连接点少，能够实现快速、高效的运转。

因此，具有特殊权限、快速灵敏反应的一线特种小团队虽然不具有大团队应对风险的能力，但是沟通更加顺畅，人员责任感更强，团队调整方向更加灵活。拥有以上特点，导致了一线特种小团队比大团队在某些方面更有效率，更能提高企业战斗力：

第一，数量庞大的一线特种小团队，就像是企业伸出去的触角，能够在各个市场灵敏地捕捉商业机遇，并做出快速反应；

第二，小团队通常具有自主经营权，可直接面对客户，根据市场需求的变化，自主自发地灵活调整策略，为客户创造价值，满足客户需求，从而实现公司的业绩增长；

第三，小团队能够承担业务创新探索的职能，试点公司全新的产品与服务，在过程中快速迭代，为公司总结提炼成熟的发展模式提供支持；

第四，小团队接受市场竞争的洗礼，通常采用严格业绩考核方式，以业绩排名优胜劣汰，利用市场的力量保证小团队的活力与战斗力。

除了华为，作为国内一线互联网企业，百度也一直在进行组织管理模式的探索，积极推行小团队制。百度 CEO 李彦宏本人极为推崇小团队，比如针对百度最高奖的奖励对象问题，他的解读是："什么样的人、什么样的团队能够获得最高奖？首先这个项目必须是一个小团队，小到什么程度？必须少于十个人。可以是一两个人，也可以是九个人、十个人，但绝不能是十一个人。"

在百度的数万名员工中，有数千个具有自组织属性的小团队在运转，从传统组织视角看，它们是不稳定的，甚至是无序的，会随着团队工作目标的调整而不断进行重新打散、组合。

对于创新驱动型的企业而言，这些小团队通过不断尝试、快速试错，往往能够发现核心业务的创新方向，甚至战略机会。从这一意义上讲，这些有着自组织属性的小团队，扮演的是企业尖刀队、侦察班的角色，是企业创新的原动力，是企业战略突破瓶颈的攻坚力量，也是被充分赋能的基层高维团队。

让听得见炮声的人呼唤炮火

冯仑在一篇文章中这样写道：“一个组织的未来模式就是美国前国防部长拉姆斯菲尔德所倡导的特种兵化。前面三人小组，包括一名信息情报专家、一名火力炸弹专家、一名战斗专家。前端的组织变成全能的，后台变成系统的支持力量。过去前线的连长指挥不了炮兵，要报告师部请求支援，师部下命令后，炮兵才开炸。现在系统的支持力量超强，前端功能全面，特种战士一封 E－mail，炮兵就开打。部队队员的位置等在总司令的指挥屏幕上显示得十分精确。三人小组成员之间彼此熟悉对方的业务，紧急救援、包扎等都经过训练。”

企业组织也是一样，一线市场人员寻找到商机，但并没有决策权，也没有可以调用的资源，需要一层一层汇报到总部，打报告审批申请，等流程走完，商机往往已经被贻误。

华为的决策模式曾经也是这样，总部机关具有决策权，他们并不了解前线状况，却拥有过多的权利和资源，出于控制运营风险的考虑，他们还会设置许多流程控制点，而且不愿意授权。过多的流程控制点，一方面会降低运行效率，增加运作成本，滋生了官僚主义及教条主义；另一方面也会延迟一线信息的传递，影响及时决策。对此，任正非的描述是：“我们现在的情况是，前方的作战部队，只有不到三分之一的时间是用在找目标、找机会以及将机会转化为结果上，而大量的时间是用在频繁地与后方平台往返沟通协调上。而且后方应解决的问题让前方来协调，拖了作战部队的后腿，好钢没有用在刀刃上。后方协调困难有流程问题、有组织机构的设置问题、有思想意识问题，也有相互信任的问题，还有非主业干部对主业不理解的问题……我们要找到一把提高作战部队效率的钥匙，找到一把后方平台高效服务前方的钥匙。”

现在，美军的特种作战小组作为战场的前端，具备了全项能力和权限，后台系统反倒成了他们的支持力量，受其指挥调动。

华为组织变革的宗旨也是朝这个方向演变，也在寻找“后方平台高效服务前方的钥匙”，由过去的总部集权管理，过渡到分权制衡管理，将指挥所建在能够听得见炮声的地方，让一线拥有更多的决策权，让听得见炮声的人来决策，以适应千变万化的市场情况，及时做出决策。

让听得见炮声的人来决策本质上是企业组织的决策权下沉，它不仅涉及前线指挥者的个人工作方式、管理风格、协调方式的调整，也涉及组织的机构改革与深层次的组织文化建设等方面的问题。

1. 由“推”到“拉”

传统的后台部门是权力部门，控制资源，远离前线，但有决策权。过去的组织和运作机制是“推”的机制，现在是根据市场需求来配置资源，要将其逐步转换到“拉”的机制上去，或者说是“推”“拉”结合、以“拉”为主的机制。

对于“推”，推的时候，是华为中央权威的强大发动机在推，一些无用的流程、无效的岗位，都要剔除。对于“拉”，任正非指出：“拉的时候，看到哪一根绳子不受力，就将它剪去，连在这根绳子上的部门及人员一并剪去，组织效率就会有较大的提高。”（见图 2 -2）

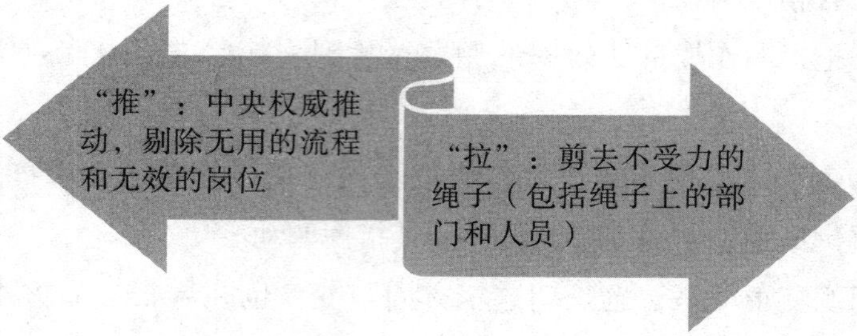

图2－2　华为组织和运作机制的“推”与“拉”

2. 提升基层作战单元权限

华为的基层作战单元在授权范围内，有权力直接呼唤炮火（指在项目管理上，依据IBM的顾问提供的条款、签约、价格三个授权文件，以毛利及现金流进行授权，在授权范围内直接指挥炮火，超越授权要按程序审批）。当然炮火支援也是有成本的，因此，谁呼唤了炮火，谁就要承担呼唤的责任和炮火的成本。

3. 后方变为支持力量

公司的后方要变成系统支持力量，必须及时、有效地提供支持与服务，以及分析监控。公司部门不能轻易称自己为总部，部门不代表总部，更不代表公司，部门是后方，必须为前方提供支持与服务，不能颐指气使。

部门干部和员工不能以总部自称，发号施令，更不能要求前方的每一个小动作都必须向部门报告或经部门批准。否则，部门就会越做越大、越来越官僚。

后方平台（包括设在前线的非直接作战部队）要及时、准确满足前线的需求。华为机构设置的目的就是作战，就是为了取得利润。后方平台的客户就是前方作战部队，作战部队不需要的，就是多余的。后方平台是以支持前方为中心工作，按需要多少支持来设立相应的组织，而且要提高后方业务的综合度，减少平台部门设置，减少内部协调，及时准确地服务前方。

4. 前后方要紧密配合

前方的基层作战单元要能够准确、清晰地提出需求，后方要能准确、清晰地理解前方的需求，按需求提供支持。只要前方的需求没有发生变动，所有的协调工作，应由后方平台之间自行协调完成，而且必须在前方需求的时限内完成。前方的需求变化了，要及时、准确地提供给后方。

充分放权给一线作战单元

让听得到炮声的人呼唤炮火，必然要充分放权给一线作战单元，使其拥有自主行动的权限。

充分地放权，可以让一线作战团队运作更加灵活，有利于节约资源。一个团队规模越大，在使用团队力量的时候就越是麻烦，成本就越高。这就如同在遇到问题的时候，如果用庞大无比的机器去解决问题，那么启动时间势必会更长。因为动用庞大无比的机器并不是一件简单的事情，需要更多的步骤去启动机器。并且，越是庞大的机器启动、运作需要的能量就越高，有些时候甚至收益会低于成本，得不偿失。

充分地放权，让一线的人有权力自主处理一些简单事情，这样可以避免启动整个团队时，出现反应缓慢、成本巨大等问题。这就如同手机芯片一样，过去在没有协处理器的时候，做任何事情都需要调用中央处理器，造成手机电量的巨大损耗。而在有了协处理器以后，像听音乐等简单功能就可以靠协处理器来解决，不需要调用中央处理器，大大节省了电量的损耗。

让听得到炮声的人来呼唤炮火，说起来简单，但做起来却并不容易。

1. 前线人员要能够听到炮声

将权力下放到一线，就决定了指挥部会减少对这部分人员的掌控，对前线人员的素质要求就更高了。如果前线人员不能敏锐地听见炮声，不能敏锐地发现问题，及时汇报，那么等到指挥部发现问题的时候，小问题已经变成了大问题，想要解决就不那么容易了。

2．指挥部的监管力度要适度

如果监管得太紧，仍然会消耗大量的人力、物力，起不到节约成本的效果。而且监管得太多，什么事情都要插上一脚，在前线的人处处被制约，同样做不到快速反应。

如果监管得太少，将权力下放得太多，那么前线人员需要自主处理的东西就越来越多。那么，精力能力势必会受到牵制。甚至有些时候，一线人员会直面那些难以解决的问题，会直面那些超出他们能力的问题。如果一线人员自己意识到这一点，强行去解决问题，那么就会把事情搞砸。

3．确保前后方人员的紧密联系

将权力下放给一线人员，要保证各部门一线人员之间的紧密联系，要保证一线人员与指挥部的紧密联系。下放权力，让他们自主行事，很容易造成某个地区的人员被孤立。他们得不到信息，在呼唤炮火之前得不到任何的支持，那么就只能故步自封，难以取得进步，这对整个团队的发展是非常不利的，也违背了下放权力的初衷。下放权力是为了让更多的一线成员能够在炮火中得到成长，越来越优秀，而不是让他们因为孤悬海外、与世隔绝，逐渐退步。

要让听得见炮声的人来呼唤炮火，让整个团队的反应速度更快、机动性更强，这才是高维团队的未来。

总部三大功能：支持、服务、监控

权力向一线下沉，必然涉及组织机构功能的调整和权力的再分配。华为的总部机构要逐渐定位为支持、服务和监控的中心，而不是中央控制中心。让一线团队自主作战，将部分权力下放，才能大大减轻总部的负担。

但是，这种下放权力却不是无条件的下放，更不能做甩手掌柜，一刀切地将所有事情都交给一线人员处理。总部必须要在充分下放权力的前提下，履行好支持、服务、监控这三大功能（见图2-3）。

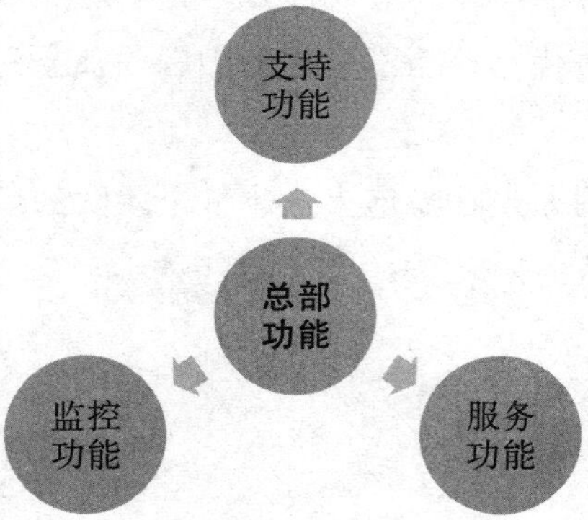

图2-3　华为总部三大功能

1. 支持功能

一线成员自己行使处理问题的权力，与总部强而有力的支持是分不开的。一线小团队虽然机动性较强，并且拥有更敏锐的嗅觉，但是却没有总部那样强大的能力。在遇到一些小问题的时候，小团队的快速反应能力、快速决策能力就能发挥作用，在第一时间解决问题。而在遇到中、大问题的时候，小团队必须要马上向总部反馈，由总部给予支持，更妥善地解决问题。

因此，小团队虽然有自己的方向，但是离不开总部的支持。总部要集中力量使自身管理和技术等方面的实力迅速发展，随后支持小团队，让小团队拥有更强的能力，在处理各类问题的时候更加得心应手。所以，总部必须要具有强大的支持能力，不能觉得将权力下放给小团队，下放给一线人员，就可以高枕无忧了。

2．服务功能

服务，同样是总部需要实现的重要功能。一线小团队在成长方面需要总部的支持，想要做得舒服更是离不开总部的服务。当小团队能够源源不断地从总部获取资源的时候，就会成长得更快。缺少人力，总部可以帮忙调派；缺少人才，可以由总部进行培训；缺少资源，总部也可以帮忙协调。总的来说，当小团队向总部提出要求的时候，总部要能够服务小团队。

支持可以让一线团队不至于陷入孤立无援的境地，而服务则能让一线团队越来越好。如果一线团队经常向总部提出要求，需要总部服务，那么总部也可以根据众多小团队的要求来总结出这些小团队到底需要什么，从而在不断服务小团队的过程中能力得到提高，效率获得提升。总部必须要走在小团队前面，能服务小团队的总部才是优秀的。而如果总部不能服务小团队，勉强只能实现支持，那么总部算是合格的。如果到了连支持都不能给的时候，那么小团队就会选择脱离总部的控制，犹如脱缰的野马。

3．监控功能

总部下放权力给小团队，前提是要有良好的监控机制。掌控大方向的必须是总部，小团队虽然身在一线，更加机动灵活，但是总部的目光往往要比小团队更加长远。当小团队开始行使权力的时候，难免会有差错，这时就需要发挥总部的监控功能。

总部的监控可以保证一线团队不走错路，可以保证他们不滥用权力，不错用权力。如果总部对前线小团队不进行监控，那么前线小团队就会失控。

所谓监控，即监督和控制。那么，监督是主要的，控制是次要的。华为总部在对一线小团队进行监控的时候，多数是在监督小团队的行为之后，给出意见。只有在一些特别的情况下，才会插手控制。过于强硬的手段，不利于培养小团队的能力，也就不利于小团队成长为“自由王国”。

第三章

高维团队建设组织赋能篇：赋能，提升团队能量级

怎样打造敏捷的高维度团队、提高团队作战效率，斯坦利·麦克里斯特尔在《赋能》一书中给出的答案是：赋能。即将决策、行动的权力赋予了解情况的一线人员，该观点同华为的“让听得见炮声的人呼唤炮火”如出一辙。

赋能，而不是管控

赋能，原是积极心理学领域的专业词汇，现在更多地被赋予了管理内涵，多指企业由上而下地释放权力，重点是授予基层员工们自主工作的权力，从而通过去中心化的方式驱动企业组织扁平化，最大限度发挥团队中的个人才智和潜能。

阿里曾临时组建的“双11小组”，谷歌的“产品开发小规模自治团队”，华为的“铁三角”等均是“赋能团队”。

如何打造敏捷的高维度团队、提高团队作战效率，斯坦利·麦克里斯特尔在《赋能》一书中给出的答案是：赋能。即将决策、行动的权力赋予了解情况的一线人员，该观点同华为的“让听得见炮声的人呼唤炮火”理念如出一辙。

团队管理的一切问题，归根结底都是人的问题，所有的管理工作都要围绕人来开展。

管理就是通过别人来达到工作目的，管理之道唯在选人、用人与管人，人才是事业之根本。毛泽东同志曾经指出，领导者的责任主要有两条：一是出主意；二是用干部。用干部指的就是人才选用及使用的问题。

在用人问题上，依文企业集团董事长夏华的观点很有代表性，在他看来：“企业说到底是人，管理说到底是借力。失败的领导者以其一己之力解决众人问题，成功的领导者集众人之力解决企业问题。经营企业的过程是一个借力的过程，只有越来越多的人愿意把力借给你，企业才会成功。”

华为总裁任正非自称什么都不懂，但这并不能阻止华为的成功，华为依靠的是团队和众人的力量，华为的价值在于"使众人行"，以奋斗者为本，激发出整个组织的战斗力。

使众人行，怎样选人、用人和管人，是各级团队管理人员的一项重要任务。当然，选人、用人与管人的学问是博大精深、奥妙无穷的。

衡量管理者是否胜任，并不是要看其能力有多强，关键是要看他是否懂得如何去管理、去协调、去用人，是否懂得去信任并借助下属的力量和智慧来达成组织、团队目标。

衡量一个管理者能力高低的主要标准不是业务能力，而是用人的能力，是借力、使力的能力。

团队管理者是否具备一流的领导力，不在于拥有多少资源，而在于能利用多少资源、整合多少资源，在于能否善于用人、善于借人之力。

优秀的管理者，也不在于会做多少具体的事务，因为一个人的力量毕竟是有限的，只有发动集体的力量才能战无不胜、攻无不克。管理人士尤其要加强培养驾驭人才的能力，知人善任，了解什么时候什么力量是自己可以利用以助自己取得成功的。

四两可以拨千斤，聪明的管理者总会利用众人的力量和智慧去获得成功。管理者最大的本事是"使众人行"，去发动下属、团队做事。

如何做到最大限度地"使众人行"？需要理解管理的真谛所在。"管理"一词，容易让人联想到"管控""上下级对立""监督"等，然而，德鲁克在多年前就指出："管理者的任务不是'管理'人，而是'引导'人。人员管理的目标就是让每一个人的长处和知识发挥作用。"

什么是管控型团队？其突出特征为：团队组织架构复杂，等级森严，基层员工需要层层向上汇报。官大一级压死人，上级的威严不容挑战，每一级管理者对下属员工都有很强的控制欲望，团队有系统化的 KPI 考核制度和考核指标，团队内部的沟通多是为了管控而管控的会议、汇报等。管控型团队会给员工一种无形的压力，甚至是枷锁，会挫伤那些具备较强创造力、主动性的员工的积极性。

管控型团队也并非一无是处，在一些传统组织管理上，比如劳动密集型的制造业等领域，就需要借助严格的规章制度来进行管控，以实现工作的流程化和组织的正常运转。

赋能型团队旨在为创造型员工提供更为宽松的工作环境，使其拥有充分施展潜能的舞台、权限和能力，管理不再是依靠上级的严格监控和机械的任务分配，而是依据员工的工作性质、能力、专长、兴趣和团队需求等进行灵活的任务分配，充分激发个体潜能，实现个体崛起，团队绩效的倍增也会随之而来。

赋能型团队中，上下级的关系也会被重新定位，上行下效的指令会减少，平等的沟通与对话会增加，上下级的界限变得越来越模糊，上司的“威严”可以被挑战。团队中，优秀的人相互吸引，自发组队，形成业务攻坚的小单元，团队成员更愿意从事挑战性的工作，获得荣誉感和成就感。同时，合理的团队利益分配机制也能使其分享到足够多的利益。

团队管理者的最大任务不是对人的控制，而是最大限度地对团队成员进行赋能，发挥人的能力，使员工有成就，挖掘员工内在的力量和智慧，激发员工的工作动机和参与感，唤起他们的工作激情和欲望。

一旦从这个视角审视管理工作，就不难发现，团队管理的精髓不是控制，而是赋能，是为了释放员工的工作热情，激发员工的工作动力。

划小核算单位，赋予小团队更多权限

划小核算单位，是指适当划小企业内部的核算单位，是为了更好地落实经济责任，调动基层小团队积极性的一种措施。划小核算单位的积极意义在于：

第一，有利于划清经济责任，以能够正确反映单位经济业务为准则；

第二，便于核算指标的分解、落实、执行、控制和分析；

第三，便于考核和评价核算单位的工作业绩，促进其工作的改进和效益的提高；

第四，能提高员工参与经营的积极性，增强员工的动力，为企业快速培养人才；

第五，小团队是一种使效率得到彻底检验的系统，能够使“销售额最大化、经费最小化”的经营原则在企业内部得以贯彻；

第六，企业领导人能够时刻掌握企业经营的实际状况，及时做出正确决策，降低企业经营的风险；

第七，把大企业划小经营，能够让企业保持大企业规模优势的同时，具备小企业的灵活性；

第八，组织能够灵活应对市场环境变化而迅速调整，帮助企业在竞争中立于不败之地。

华为在积极地因地制宜划小核算单位，一方面是赋予小团队更多的自主行动权，同时也是为了构建更有效的利益驱动机制，其主要措施有以下几方面。

1. 销售中心到利润中心的转变

划小核算单位的一个重要举措，是根据地区、产品线实现从销售中心到利润中心的转变，一线作战团队要成为独立核算单位，对公司利润负责，这是衡量其贡献的最核心准绳。

任正非指出："我们要按地区、按产品线，实现从销售中心到利润中心的转变。经过华为前20年的艰苦奋斗，我们已经建立了组织，打下了江山，但不是为了持续亏损，不是为了把自己的路挖到乌兹别克斯坦去。地区性的销售中心转变逐步开始进行。这次国内市场部述职的时候，他们说自己有非常多的贡献，非常的伟大，我看就有一条不伟大，你给公司贡献多少？你有没有贡献足够的利润？"

同时，不仅一线业务部门，那些非公司主业部门也要进行独立核算，要逐步建立自己的营利模式和生存模式，通过市场机制来与公司主业进行交易。营利多的就继续存在和发展，其产品和服务如果没人购买，那么就要逐渐萎缩。

2. 建立责任中心

建立责任中心的目的就是要明确责任、简化管理、激活组织，所以华为的责任中心就是围绕这样一个目的来运转的。华为的绩效考核是责任结果导向制，一个责任中心的性质决定了其应该承担什么样的经营责任，即为怎样的结果负责。华为的责任中心不是简单地划小，而是在财务集中管理的前提下，确立以项目为核心的经营单元，即经营管理的最小颗粒度是项目，再通过相应的财务预算核算机制进行关联，实现目标互锁，落实经营责任。

3. 用核算来监控授权

华为提出要向一线作战部队授权，如何授权？就是要把指挥所放到前线去，把计划、预算、核算的权限都放到前线去，将管理授权到前线去，将销售决策权放到前线。这样，前线就有更多的战术，可以机动、灵活地面对现实情况。

而在以往，一线作战部队并没有这种权限，任正非在董事赋能研讨会上与候选专职董事交流讲话时曾指出：“攻占城墙需要多少发炮弹，现在还需要后方机关审批。前方说‘我要9发炮’，后方说‘6发够啦’，最后6发炮弹打过去，城墙只塌掉一半，冲锋的部队要爬这半截城墙，血流成河。未来授权，一线作战部队要几发，就给几发炮弹，打完仗后再算账。决算我们可以去数弹壳，‘给了9发，怎么才有3发炮壳，剩下6发到哪里去了?’虽然现还做不到这个授权机制，因为还没有实现端到端的项目管理，但未来5—10年最终要走到这一步。”

当然，对前方的授权需要有监督，后方要加强按计划预算对前线的服务，用核算来监控上述授权。因为，权利必须受约束，这样才能保证既有授权又有约束，指挥权、决策权既能够下沉到一线，总部也能放心。

组织权力下沉，自上而下赋能

组织、团队中的赋能反映在两个方向：自我赋能和赋能他人。自我赋能，涵盖了组织内的所有成员，旨在通过个体的自我驱动、自我精进、自我激励来实现自我能力的提升；赋能他人，则是通过去中心化的管理模式来推进组织的扁平化进程，自上而下地赋予人才创新的思维、进取的动能、自发的工作态度、自主决策的个人权限、主动创新的乐趣以及轻松愉悦的团队工作氛围，以充分激活人性、激发潜能。

互联网圈的流行语和趋势，历来是整个社会的风向标，能折射出所有行业的担忧和需求。科幻小说《三体》在国际上获得雨果奖，于是全互联网都在谈“降维打击”。如今，全网又开始提“赋能”。京东到家提出了零售赋能，阿里巴巴称要赋能商家，马化腾希望腾讯成为一家赋能型公司，谷歌创始人拉里·佩奇则指出“未来组织中最重要的功能不再是管理或激励，而是赋能”。

互联网巨头之所以对赋能型组织和业务模式推崇备至，在于互联网背景下的商业模式、商业生态和组织架构已经出现了更新迭代。互联网的发展使得各行业、各领域、各组织都在经历组织扁平化、去中心化的过程。

企业内部生态系统也在经历这一变化，在传统组织层级结构中，老板通过管理层级来逐级控制员工行为，提高员工工作效率，每一层级只需和少量人进行紧密互动，通过这种逐级信息传导，将高层领导意志传达至每一位企业雇员。以传统跨国公司为例，从水平层面看，组织层级通常分为：CEO—全球层—大区层—小区层—小区内部；从垂直层面看，又分为各种业务事业部和财务、人力、行政、法务等支撑单元。各个分层、事业部、支撑部门都要向上一层级进行逐级汇报。这种多层级的管理模式会影响信息的有效传递，而且复杂的汇报流程，不仅耗费时间，同时也会让高层脱离一线市场和客户，从而导致决策迟缓和创新乏力。

在互联网时代，这种管理方式不仅效率低下，难以就瞬息万变的商业环境及时做出反应，而且容易导致管理信息的失真和组织层级沟通的阻滞乃至断层，同时也不利于解放人性、赋能员工。

这种形势下，企业组织架构的扁平化正在形成一种浪潮，管理层级大大缩减，比如小米公司，其公司组织架构只有三层（见图 3－1），不会让团队太大，团队规模稍微大一些就会被拆分成小团队。

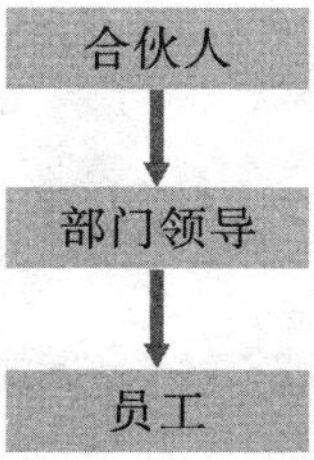

图 3－1　小米公司的组织架构

扁平化的组织结构能够有效对抗多层级组织所导致的信息衰减与扭曲，组织越扁平，信息流通的速度越快、透明度越大，组织活跃度和创新能力也就越高，越能实现高产出。管理者也可以有效通过授权、赋能来提升下属的能力，从而减少沟通和反馈的次数，提升管理效率。

传统型组织和团队，通常只有一个中心，即组织、团队最高领导者，多采取自上而下的领导方式。而赋能型团队则是分布式、多中心的控制手段，人人都可能成为中心，都可能成为小团队的发起者和 CEO。当然，去中心化，并不是完全不要中心，也不等于人人都是中心，它只是改变了原来的中央集权中心，变为多个控制中心。

去中心组织中的权威也会由中心化组织的自上而下式，进化为分布式、多层次的权威架构。通常，组织的权威表现在三个方面：行政命令权威、流程权威和专家权威。不管是什么类型的组织，内部是一定需要权威的，去中心组织只不过是由过去单一的、自上而下的行政命令权威转变为多元的、纵横交错的权威体系。

去中心化之后的小中心即是赋能中心，是把员工的自主权还给员工，让他们自行组织、自行管理、自行驱动、自行激励（见图3－2）。

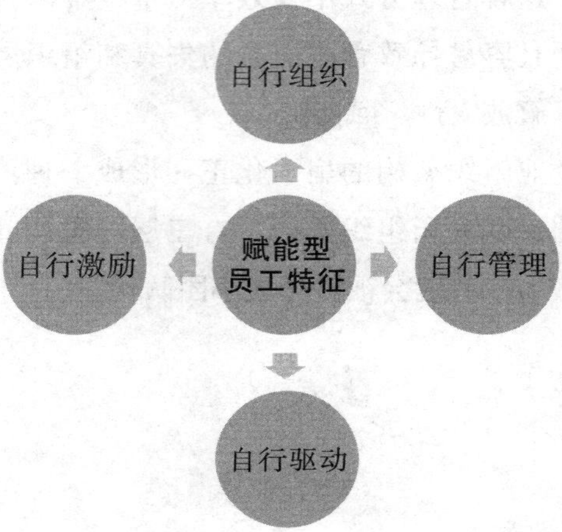

图3－2　赋能型员工特征

华为各业务领域都在积极推进去中心化、推进自上而下向一线的授权，以实现组织权力向一线的下沉。

团队赋能≠激励

信息时代催生了无边界组织，促使组织朝扁平化、去中心化方向发展。与此同时，企业的人力资源管理也呈现出新的动向——传统的人力资源管理观向人才运营观的转变，人力资源管理观表现出的是管理心态，而人才运营观折射出的则是服务心态、赋能心态，正如中国知名企业家宁高宁所言："从心态上讲，大部分人力资源部是一种管理心态，不是服务心态。"比如，谷歌的人力资源部门已经更名为人力运营部；爱彼迎设立了员工体验部；奈飞则将人力部门改为人才部。这些先锋公司抢先改变了人才观念，同时创造条件持续提高人才的赋能体验，以实现共创、共赢。

任正非讲过一句话，他说在华为这个地方，能够把创新做出来的人叫天才，这种人很少。努力去做创新却没做出来的人，在华为叫人才。显然，在人力资源管理概念升级中，人才提法具有深远的意义和现实土壤，它体现了企业对人的尊重，而对员工的尊重，是企业组织、团队实现成功赋能的基础。

需要澄清的是，团队赋能不等于团队激励，包括华为在内的高维团队区别于其他低维团队的一个显著标志是，它们更擅长进行团队赋能。

赋能同激励不同。

传统的团队激励是基于这样一种事实：

在缺乏科学、有效激励的情况下，人的潜能通常只能发挥出20%~30%，而通过科学有效的激励机制能够让人把另外70%~80%的潜能也发挥出来。

在工作团队中，激励不是一个可有可无的问题，而是一个随时要用到的问题，因为蓬勃的工作动力和工作热忱不是人人都有的，也不是随时随地都具备的。

如何才能争取到员工的热情、创造性、全身心的投入呢？很简单，需要借助激励。

做好团队管理工作，要知道这样一个等式：

工作绩效 = 个人能力 × 工作动力

分析这个公式，在员工个人能力不变的前提下，要想提升他们的工作绩效，就要增加其工作动力，而工作动力的大小则取决于激励的有效程度。

“水激石则鸣，人激志则宏。”这就是激励的意义所在，激励是用来缩短实际状况与渴望的理想状况差距的一种管理工具，能够引导他人以特定的方法，朝着设定的目标推进。

激励是一项重要的管理职能，也是一门高超的管理艺术，掌握了它，就能在人们心里点燃热情之火，激发出团队成员高昂的士气和潜在的战斗力。

激励会在团队成员身上产生诸多的积极效应：

第一，通过激励可以培养员工的自驱力，提高员工的自信心。员工的成长、成功，离不开上级的激励，激励就是给员工提供机会用来施展潜力，证明其能力。在员工每天的工作、生活中，一个温暖的言行、一束期待的目光、一句激励的评语都会激发他们的上进心，甚至会改变一个人对工作的态度、对人生的态度。在激励的作用下，员工可以认识到自己的潜力，唤起对工作的激情。而且，来自上司的激励又如同一架桥梁，能够有效拉近上下级之间的距离。在这种情况下，员工岂有不爱工作、不愿工作之理。

第二，激励员工可以促进工作顺利完成，保证工作质量。相反，团队领导者如果总是用尖刻的语言去奚落、讽刺、挖苦员工的话，那么表面上他们可能是在听你的，按你说的去做，但实际上他们只是在敷衍了事，因为他们根本体会不到工作的乐趣，工作效率也不会很高。同时，这些言行还会伤害员工的心灵，长此以往，员工的自尊被摧毁，自信被打击，最后抱着一种“死猪不怕开水烫”的态度，这样对其本身、对团队都不利。

第三，激励员工可以体现团队领导者的个人修养。管理的艺术不在于作指示、下命令，而在于如何激励、唤醒、鼓舞员工为共同的工作目标去奋斗。一个只会下命令的管理者不是一个好的管理者，特别是对基层的管理者而言。

第四，激励员工可以树立领导者的个人威信，在员工心目中树立一种可亲、可敬的形象，让员工觉得上级是值得信赖的人，这对于促进员工与领导者的沟通，促进工作的顺利达成有着积极的意义。

第五，激励员工可以创造一种互相鼓励、积极向上的团队氛围，同时也能体现出“以人为本”的团队管理理念。

赋能同激励有相似之处，又有不同，其区别主要表现在：

第一，未来组织的成员更需要赋能而不是激励。

如果说传统组织更多依靠激励来激发团队成员斗志的话，未来组织的成员将更需要赋能。因为未来组织成员更多是创造者，他们和传统的体力劳动者、一般知识劳动者有很大的不同，创造者最需要的不是激励，而是赋能。

比如，阿里巴巴在搭建基于互联网商业模式的新型组织机构和组织形式时，首先替代的就是传统工业时代的公司架构和管理制度。

第二，激励的关注点在个人，赋能强调组织设计和团队成员的互动。

激励更多是针对特定的团队成员，是针对个人；而赋能是建立在组织设计和团队成员互动基础之上的，赋能型团队，其组织内部的成员关联会更加紧密。对复杂社会网络的研究指出，人和人之间互动机制的设计对于团队的有效性可能远远大于对个体的激励。

例如，在谷歌内部提供的免费服务，其目的不仅仅是为员工服务、提高员工的工作效能，更是为了增加他们互动的机会，赋予其共创的能力和可能性。创造性工作极具挑战性，只有提供团队成员独立工作时所无法得到的资源和环境以及充分的互动，他们才有更多的碰撞机会，创造出更大的价值。

第三，激励多在事后，赋能贯穿全程。

传统激励偏向的是任务结束之后的利益分享和惩罚机制，而赋能强调的是贯穿团队成员工作的全过程，激发起团队创造者的兴趣和动力，提供合适的挑战，赋予其具备应对挑战的能力，激发出持续的创造热情和创造能力。

赋能组织和团队更在乎过程，过程中每个节点做好了，结果自然不会太差。

华为管理体系建设的导向是简单、实用、灵活

2007 年任正非在英国代表处座谈会上提出：

“机关要精简，流程要简单。我们要减少总部的垂直指挥和遥控，要把指挥所放到前线去，把计划、预算、核算放到前线去，就是把管理授权到前线去，把销售决策权力放到前线去，前线应有更多的战术机动，可以灵活地面对现实情况变化。”

华为的整个管理体系导向就是简单、实用、灵活。

复杂的管理只会是管理效率的羁绊，高维赋能团队擅长做减法、做简化。

2014 年出任阿里移动事业群总裁，后任高德集团总裁，现任阿里巴巴本地生活公司 CEO 职务的俞永福，是阿里集团战略决策委员会八名成员中的一人。

“阿里复杂，我就让它变简单。”俞永福说，他最擅长的事情之一，就是将复杂关系化繁为简。从这点来说，他很可能成为马云最强有力的合伙人。

复杂的问题很棘手，但实际上，看似复杂的事物处理起来会异常简单，看似简单的事物处理起来会异常复杂。将复杂的事情简单化，学会简单管理的辩证法，能够让你重新思考公司、团队。

华为认为简单就是美，管理系统太复杂，就失去了存在的价值。华为的管理要做到标准化、简单化，以提高效率。具体要求如下：

第一，流程责任制的主体应该及时、准确地提供服务。相关部门、相关人员要按标准化、流程化对相关事项进行审查，快速通过，不能过度监控。

管理要做到标准化、简单化、指令清晰化，就像高铁的运行。

第二，公司要提高运转效率，减少审查关卡，减少类似“证明你妈是你妈”的问题。要减少流程运转的内部阻碍，提供一个标准筛子，把绝大多数合规的“沙子”都筛过去。

第三，减少组织层级，改革一切不适合的组织结构、流程、考核，推行大部门行政管理制，减少协调，减少会议，推动流程的精简。

第四，减少流程控制点，提高运行效率，降低运行成本，同时也能够避免滋生官僚主义和教条主义。

第五，主官要走向战场，天天盯着地图，和作战部队一起作战，争取胜利，而不是听汇报发文解决问题。主官要拿着铁锹，背上背包，走上战场，亲身去解决问题。这样，就能够发现以往的流程为什么那么复杂，为了取得胜利就会主动梳理流程。同时，主官深入一线战场，听取汇报减少，管理自然就会得以简化。

英国人奥卡姆的威廉的“思维经济原则”所倡导的“无情地剔除所有无用的累赘”，被人们形象地称为“奥卡姆剃刀原理”。奥卡姆的威廉指出，现在有许多所谓的“现代文明成果”实际上都是有害无益的，而许多管理者正在被自己制造的麻烦压垮——烦琐的会议、复杂的企业文化、不明确的目标、烦琐的执行流程等。这一切的一切，导致组织、团队的执行效率越来越差，人心越来越涣散……其实，问题都出在复杂化上，解决这所有的问题只有一个办法，那就是运用“奥卡姆剃刀”，结束复杂化，将复杂的问题简单化，变成可执行的具体化任务。

所谓“简单管理”，就是找寻规律，把握关键，远离复杂、官僚和中庸。简单管理不是粗糙管理、不要管理，而是找到规律，形成自然秩序，从而使任务执行起来更容易。

如何使纷繁复杂的管理变得简单而又有效率，核心就是在组织中形成一种自然秩序。就像一个交响乐团，不论是大提琴手、小提琴手，还是号手，如果每个人都知道自己在什么时候正确地做什么事情，那么乐队指挥起来就会得心应手。同样的道理，如果管理者能够让员工拥有这样的本领，在工作的链条上不再需要提醒和监督就能默契配合，知道该在何时做何事，实现人机合一，那么内部的秩序也就形成了，工作就变得像呼吸一样自然，管理也就变得简单了，员工执行起来也会更加得心应手。

这个世界上许多事原本都很简单，却因为人们复杂的思维模式而变得复杂，管理工作原本已经很复杂了，但还有许多管理者有意无意地给自己设置许多“圈套”。他们和这些复杂问题不断斗争，并且依据最新的管理理论用一些他自己也不明确的方法来解决问题，这样只会适得其反。

20 世纪 80 年代，福特公司为了把企业内部各部门、各环节衔接起来，招聘了越来越多的管理人员，公司管理越来越复杂化，导致福特公司的组织机构臃肿、官僚作风严重，任务执行起来极其烦琐，工作效率大大降低。如福特公司位于北美的应付账款部，有 500 多名员工，他们负责审核并签发供应商供货账单的应付款项。按照传统的观念，这么大一家汽车公司，业务量如此庞大，有 500 多个员工处理应付款是非常合理的。但另一家日本汽车巨头马自达汽车负责应付账款工作的却只有 5 个职员。这个 5：500 的比例，让福特公司经理再也无法泰然处之了。福特公司迫于形势进行流程重组与简化。

复杂只会扼杀执行效率，这是必然的。因为企业的准则和流程如果过于复杂，员工在执行一项任务时，就必须得拿出很多额外的时间去应付那些毫无意义的请示、解释，就必须花更多的精力去删繁就简，琢磨复杂化背后隐藏的主旨。所以，只有化繁为简，推行简单管理，才能形成简单高效的执行氛围，才能避免员工徘徊、摆动，进而提高执行效率。

管理的本质就是将复杂的问题简单化，管理者切忌将管理搞得太复杂。要做到化繁为简，需牢牢掌握“简单管理”的四个关键点：

第一，立足事实，抓住关键；

第二，深入本质，把握规律；

第三，删繁就简，直击要点；

第四，明确责任，强调执行。

不断激活组织：用激发的方式带领团队

华为组织体系的建设主张是：当组织与流程不一致时，原则上要改变组织，以适应流程。适应哪些流程？即华为一线团队的作战方式和作战流程，也包括华为售后团队的客户服务流程。

总之，华为组织机构设置的一切目的，都是为了作战，都是为了更好地服务客户，作战的目的则是取得利润。对于作战部队不需要的组织机构，或者说是不适应作战部队的，都是多余的，要予以改进。

只有不断激活组织形态，才能更好地支援前线作战，才能提高作战效能。

早在 18 世纪，法国伟大的军事家拿破仑就对这个团队战斗力与组织形态体的命题，得出了这样的结论："两个马木留克兵绝对能打赢三个法国兵，一百个法国兵与一百个马木留克兵势均力敌，三百个法国兵大都能战胜三百个马木留克兵，而一千个法国兵则能打败一千五百个马木留克兵。"

为什么法国兵数量越多战斗力越强，关键就在于其先进的组织形态和作战方式。

组织机构设置合理，部队战斗力就会大大提升，否则为了组织而组织，而不考虑作战需求，只会延误战机，不利于一线部队更快、更好地取得战绩。

华为的组织机构建设一直都在随着公司外部环境和一线团队作战需求进行优化调整，任正非指出："组织建设要对准目标，而不是对准功能，齐全的功能会形成封建的'土围子'，我们的目标是'上甘岭'，要建设有力的精干的作战队伍。过去对准部门功能的建设思想要调整。各个部门要面向目标主战，去除多余的非主战的结构与程序，去除平庸。将一部分必需的非主战功能移至平台，或与其他共享。”

2019 年 1 月，任正非在接受央视《面对面》栏目记者的采访时称：“华为现在出问题的就是机构臃肿、人浮于事，整个管理层级太多。”华为进入战时状态后，所有的将军都将上战场，办公室再无将军，与此同时，组织机构也要不断做出调整和激活，以改变干部不合理的分布状态，支援前线作战。

1. 组织服从作战，而不是作战服从组织

华为的一切组织机构设置都要求符合未来的作战需要，组织是为了作战而存在的，要做到组织服从作战，而不是作战服从组织。

组织机构的设置和调整，要以需求来确定目的，以目的驱使保证，总之，一切都要为前线着想，要共同努力地控制有效流程点和组织机构的设置。

2. 组织工作应朝向客户需求

华为的核心价值观要求所有组织及工作的方向都要朝向客户需求，这样才能够让华为永远不会迷航。

华为建立了以客户需求为导向的公司发展目标，为了满足这一需求，后面所有的组织建设都应该是流程化的组织建设，这样才可以快速响应作战部队的需求，才可以快速满足客户的需求。

在这一前提下，进行组织建设时，需要什么就保留什么，多余的组织机构及冗余的人员都要裁处掉，确保组织机构的高效、低成本运转。

3. 按主干流程来构建公司的组织体系

华为主张全公司组织结构的确定，首先要理顺主干流程，再根据主干流程来确定相应的组织结构，这个过程中要把握住两个原则：

第一，必须要收缩战线；

第二，要变成时效型组织。

也就是从长远战略上衡量，华为要由功能型的组织结构，逐步转化为流程型的组织结构，同时由技术部门做好支持性工作，实现组织运作的信息化、高效化，更好地服务作战部队的需求。目的是让目前功能型的组织结构更加

贴近实战流程，更加贴近客户需求，更加适应一线市场的变化，从而让组织更有弹性、更有活力，以实现不断激活组织的目标。

4. 基于定位和核心职责优化组织

尽可能做到同一件事情只能有一个责任中心，纵向减少组织层级，横向避免分工过细，提倡大部制，精简组织，对冗余干部进行转岗或淘汰。

华为过去采取的是多中心的组织形态，每个权力层都要分权，导致分权过多。而且现有非生产人员的比重太大，每个人都来指挥，在这种机制下，往往会要求那些在前线工作积极的员工多做汇报，给一线增加了不少不必要的工作和干扰。

因此，华为坚持逐渐减少不必要的管理干部，减少不必要的会议，减少不必要的管理层，精简非作战组织和人员，把精力聚焦到作战上去，力求解决在非作战机构集中的高级干部和非作战人员过多的问题。

机关要不断地做市场洞察、战略洞察，要用结构性的思维对各种要素进行组合去支撑作战。要从成功和失败中不断总结案例，然后形成标准手册，像ISO9000一样的标准手册。

5. 改变作战方式，代表处是作战中心

华为机关BG（业务集团）和地区部BG共建面向代表处透明的资源和能力中心，通过市场机制运作和考核。作战资源和能力一步获取，决策两层闭环，支撑代表处高效作战。

代表处就是作战中心，应赋予代表处客户选择权、产品选择权和合同选择权，将一些成熟产品的经营管理权直接下放到代表处作战中心去，使其直接决策，自己掌握分寸，亏了赚了都是作战中心的责任。避免导致机关过于庞大、易生官僚主义的后果。

华为还提出要改革“一线吃紧、后方紧吃”的费用预算与人力预算机制，逐步让作战部在边界约束下，拥有更多的资源来承载经营责任和功能建设。

同时，允许一线跨区域使用资源和能力，这样就打乱了原来的官僚体系。

赋能型组织更强调文化的熏陶

每个企业都有其文化，每个团队也都有其精神。有人觉得企业文化只是口号，只是些虚的，说给别人听的，这就大错特错了。企业文化对于员工的行为是有着非常强的指导作用的，企业文化甚至能够决定一个企业的产品风格、管理风格以及在面对竞争对手时的竞争风格。

蓝色巨人 IBM 是世界上最知名的数据库公司之一，时代在不断发展，有无数的企业崛起，也有无数的企业落幕，IBM 也经历过一些起落、波折，也遇到过无数对手的竞争。但是，IBM 始终屹立不倒，地位很难撼动。IBM 如此沉稳，与 IBM 的企业文化息息相关。IBM 的企业文化有三条：尊重员工个人；尊重客户；有理想，并且把理想作为执行一切任务的信念。这就保证了来 IBM 的人才是非常自由的，他们除了工作之外还有非常充分的研究空间。IBM 的客户对 IBM 的服务非常放心，他们可以自由选择使用什么服务。IBM 的团队在不断进化，因为他们有理想，并且受理想的支配。

索尼的企业文化核心是用科技和创造改变人们未来的生活与行为方式，这个企业文化乍一听非常宽泛，但是我们可以从索尼的具体做法中找到印证。索尼每年都会拿出一些新、奇、特的产品，这些产品大多使用了惊人的“黑科技”，让人耳目一新，却因为高昂的价格难以打开市场。显然，索尼也没有想过利用这些产品打开市场，这些东西更多的是噱头，为索尼吸引了大量的粉丝，也让人们知道索尼的技术十分先进，并且为索尼提供了大量的技术积累。这些技术或许没办法单独使用，或许产能并不足够。但是，这就是索尼的理念，也是索尼如此迷人的根本。

华为的企业文化是狼性文化，如果要用几个词语总结华为的狼性文化，那就是学习、创新、获益、团结。学习，能够保证华为不管什么时候都不会落在其他企业的身后，只要有新的技术、新的管理方式，华为就可以去学习。创新，是华为走在别人前面的根本。学习可以跟上别人，而创新能够超过别人。华为已经走在不断创新的路上，接下来华为的目标是一切核心科技都能自己掌控，不让别人掌控自己的命运。获益，则是生存的根本。所有的企业都难以避免谈获利，如果有哪个企业大谈自己的目的是造福社会、造福人类，那一定是假的。企业存在的根本目的就是获利，只有不断地获利才能保证企业生存下去。团结，是华为力量的来源。只有管理层、研发人员、一线员工等各方的力量拧成一股绳，才能保证华为更好地生存下去，才能保证学习、创新、获利的实现。

归根结底，华为的狼性文化，如同任正非所说的那样，就是要让华为能够活下去，像狼一样凶猛地活下去。

企业文化的作用就是为企业奠定基调，当一个企业拥有了自己的企业文化，并且严格按照企业文化去做事的时候，不管员工、管理层如何更换，企业都能保证原本的气质。新来的员工、管理者，只要进入了企业，就会在企业文化的熏陶之下，逐渐成为团队当中合格的一员。

第四章

高维团队建设高效协作篇：
高效协作，互相补位

华为“铁三角”团队是高效协作的高维团队的典范，也是华为以项目为中心运作机制的最佳落地实践。“铁三角”团队，源自林彪的六大战术原则之“四组一队”，即部队进攻时，将连一级的战斗单位，分为四个小组：火力组、突击组、爆破组、支援组，互相依托，互相补位，互相支援。

以项目为中心：从功能中心型到项目中心型的转化

每个大型企业组织都有自己的协作模式，大多数传统团队的协作模式是以功能为标准的。市场部，就专门负责洽谈业务，专门负责打开市场；研发部，就专门进行技术方面的提高，以不断为团队提供更加强大的技术为己任；宣传部，负责打造团队的形象，负责将团队推出去，负责在团队出现问题的时候进行公关。每个部门负责的内容各不相同，但总归是以部门的功能进行划分的。

以功能来将团队划分成不同的部门，固然有便于管理、避免外行领导内行等优点，但是有一种新型团队比传统的以功能划分的团队有更大的优势。这种新型团队就是以项目为基准，按照项目进行划分的团队。我们称之为项目中心型团队。

项目中心型团队已经成为新型团队的主流，相比功能中心型团队，项目中心型团队究竟有哪些优点呢？

1. 资源和人才的调配更加合理

不同的项目所需要的人力、物力都不相同。如果单纯以功能来划分团队，那么在调配资源的时候，还要将资源进行细分，没办法完全按照项目需求进行调配。各部门协力完成一个项目，但是资源的调配却涉及每个部门，有的部门缺资源，有的部门资源又多了。调配来调配去，工作效率就降低了。

人力的调配同样如此，按照功能来划分部门，进行团队分配，那就注定了在有多个项目的时候，每个部门都要同时处理多个项目。这个时候，同一部门的人力调配难免会出现交叉的情况。项目越多，交叉就越多，项目管理就越是混乱，效率就越低。

如果能够按照项目来划分团队，每个部门所拿到的资源就是这个项目所需要的资源，每次调配资源只需要给一个部门。人力同样如此，这些人就是负责这个项目的，不管是跟踪进度还是问责，都会变得非常方便。哪个项目、哪个方面出了问题，该找谁，哪个项目、哪个方面还没有完成，该找谁来催，都一目了然。

2. 项目中心型团队更容易集中资源

如果团队是按照功能来划分的，在有多个项目的时候，就必须要对每个项目的交付时间进行规划。这个规划如果不能做到完美，就会出现混乱的现象。即便是规划非常完美，也难以避免意外的发生。

例如，A 项目是需要首先交付的，那么我们将 A 放在第一序列上。当我们接手了 A 项目以后，需要与其他部门进行整合、协调，才能最终完成这个项目。如果其他部门出现了问题，导致项目无法交付，那么我们就只能提前开始 B 项目。当 B 项目进行到一半的时候，其他部门完成了对 A 项目的整合，然后发来反馈说，我们所做的部分有一个问题需要处理。由于 A 项目是要优先交付的，我们只能暂时放下 B 项目，回头去处理 A 项目上出现的问题。重新捡起 A 项目，暂停 B 项目，浪费的时间可不是一点半点。在接手一项新的工作的时候，我们总是需要一点时间才能进入最佳状态。在 A 项目与 B 项目之间跳来跳去，难免会让我们无法在第一时间集中力量，来完成手头的工作。

3. 项目中心型团队在组织上会更加灵活，能够提高工作效率

项目中心型团队是按照项目来划分团队的，但是每个团队的要求都不同，侧重点也不同。有些项目可能对美术方面的人员有较高的要求，而有些项目则对宣传方面有更多的要求，还有些项目的侧重点也许是文案方面。不管是哪种项目，要求都是不一样的。如果是项目中心型团队，在项目进行之前则可以对团队进行优化组合。项目需要什么，就朝着那个方面倾斜资源，避免

出现人浮于事和分配不均的现象。

项目管理是华为管理进步的基础细胞，华为一直致力于加快推进从以功能部门为中心向以项目为中心的运作机制的转变。

华为公司管控的目标正逐步从中央集权式，转向让听得见炮声的人来呼唤炮火，以让前方组织有责、有权，后方组织赋能及监管。这种组织管控模式，也呼唤以项目为中心的运作机制。

这种趋势下，客户、研发、服务和变革项目将成为华为未来业务运作的主要形态，其中需要解决的重要问题有：

第一，如何建立项目组合、项目群和项目的三级管理体系；

第二，如何通过 GTS（全球技术服务部）和供应链的早期介入拉通项目的端到端运作，实现真正意义上的项目经营；

第三，如何确定各类项目的责任中心定位并围绕定位合理授权；

第四，后方支撑平台如何响应来自项目的炮火呼唤，通过前方拉动、推拉结合，实现资源的高效配置。

经过变革的华为管理体系，在内部被比喻为“眼镜蛇”：“头部可以灵活转动，一旦发现觅食或进攻对象，整个身体的行动十分敏捷，可以前后左右甚至垂直窜起发起攻击，而发达的骨骼系统则环环相扣，转动灵活，确保在发起进攻时能为头部提供强大的支撑。眼镜蛇的头部就像我们业务前端的项目经营，而其灵活运转、为捕捉机会提供支撑的骨骼系统，则正如我们的管理支撑体系。这就是公司未来管理体系的基本架构。”

在华为看来，公司只有实现项目为中心的转移，才能避免大公司的功能组织的毛病。裁剪团队冗余、提升团队维度，才能提高竞争力，才能使干部快速成长。

高效协作、互相补位的华为“铁三角”团队

华为“铁三角”团队是高效协作的高维团队的典范，也是华为以项目为中心运作机制的最佳落地实践。“铁三角”团队，源自林彪的六大战术原则之“四组一队”，即部队进攻时，将连一级的战斗单位，分为四个小组：火力组、突击组、爆破组、支援组，互相依托，互相补位，互相支援。目的是使得进攻部队的火力、冲锋、爆破和支援在战斗过程中有机地结合，既增强突击力，又有效地减少伤亡。

在四组一队的组织方式下，各突击队之间要有分工，小组之间互相掩护，互相配合。这一原则在中国人民解放军攻打锦州和天津时，对赢得胜利起了很大的作用。

华为的四组一队，则是在市场攻坚时，由销售、服务、市场和研发四个部门分别派出工作小组，组成市场攻坚团队，组成“铁三角”团队，因此市场团队“在扑上去的时候不是一窝蜂，而是有分工与合作，有主攻，有副攻，甚至还有作出牺牲的。”

四组一队的进攻方式，目的是要各职能部门、各种专业人员密切配合，尽一切可能解决客户提出的所有问题，拿下客户。

“铁三角”团队模式首次亮相，是在华为北非地区部的苏丹代表处。

有一次，华为苏丹代表处竞标当地一个移动通信网络项目。在一次客户召集的项目分析会上，华为派了一支七八人的工作“团队”，每个人都从各自的角度向客户阐述了各自领域的问题，客户的技术主管听后并不买账，而是

抱怨道：“我们要的不是一张数通网，不是一张核心网，更不是一张交钥匙工程的网，我们要的是一张可运营的电信网！”

这次，华为没有中标。华为人事后总结了两条失利原因：

第一，工作人员各自为政，相互之间沟通不畅，信息缺乏共享，对客户的承诺和口径也不一致；

第二，大客户销售团队人员复杂，同客户谈判时，每人只关心自己的一亩三分地，忽略了客户的需求，只能被动响应，不能主动发掘客户深层次需求，临场应变能力和交付能力也不能让客户满意。

华为苏丹代表处决心变革工作模式，围绕客户需求，协调客户关系、产品与解决方案、交付与服务，会同商务合同、融资回款等部门，组建了针对特定项目的特种管理团队，这是以客户经理（AR）、解决方案专家/经理（SR/SSR）、交付专家/经理（FR）三方为核心的项目攻坚团队，是面向客户的一线作战单元，从以往的“点对点”被动、分散式响应客户到“面对面”主动、口径一致对接客户，以便全面而精准地把控客户需求。这种一线项目管理团队被称为“铁三角”团队（见图4-1）。

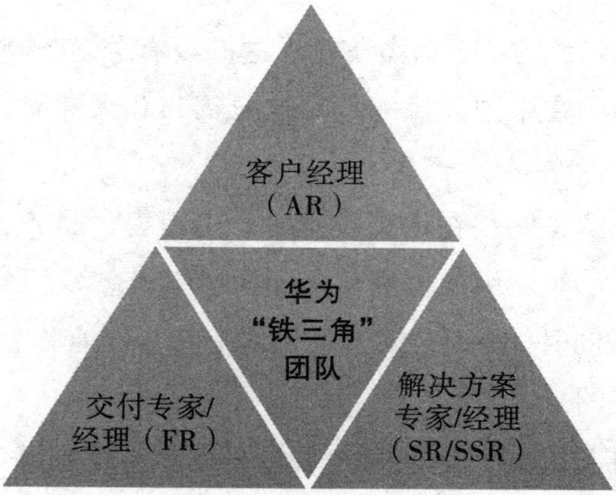

图4-1　华为“铁三角”团队

“三人同心，其利断金。”“铁三角”团队模式的效果立竿见影。当年，华为苏丹代表处利用该工作模式拿下了苏丹电信在塞内加尔的移动通信网络项目。其后，华为开始在全集团推广并完善“铁三角”团队模式。

随着企业的快速发展壮大，内部组织、部门不断膨胀，部门之间的壁垒越来越明显，为了及时满足复杂而多样化的客户需求，华为越来越需要借助“铁三角”团队模式来打通业务之间和部门之间的流程，精简管理，聚焦一线，提高沟通效率，实现决策向一线作战单元的前移，同时做到风险可控。

后来，华为借助LTC（从线索到现金）的流程变革之机，对“铁三角”团队运作模式做了进一步完善，对组织原有的局部思维系统进行全新的重构与设计，构建了立体的“铁三角”系统化运作体系，涵盖了“线索、机会、销售、订单、合同、交付、研发、服务、回款”等全流程的一整套完整垂直解决方案，以客户需求为中心，实现企业的高效运营以及盈利的增长。

华为“铁三角”团队模式的构成体系包含两个层次：

第一，项目“铁三角”团队。它是基于项目组建的跨功能部门的特种管理团队，其构成体系包括核心成员、项目扩展角色成员和支撑性功能岗位成员。项目“铁三角”团队是代表华为直接面向客户的最基本组织，是一线的经营作战单元，也是华为“铁三角”团队模式的核心组成部分。它是华为与客户的统一接触界面，通过承担从线索管理到合同履行的端到端职责，提升客户全周期体验和客户满意度。

第二，系统部“铁三角”组织。系统部“铁三角”组织是项目“铁三角”的支撑平台，相对于后者的任务性和阶段性特征，系统部“铁三角”组织由销售业务部、解决方案部和交付与服务部构成。它作为服务项目团队的部门而存在，是一个相对稳定的职能组织形式。其主要作用是为项目“铁三角”提供支撑，类似于为特种部队提供信息支持和火力支持的后台系统、参谋系统、火力支持系统，是项目“铁三角”各角色资源的来源以及项目“铁三角”业务能力的建设平台。

华为日趋完善的“铁三角”团队，具备两项核心能力：一是面向客户的快速反应能力，包括客户洞察力、线索发现和机会点挖掘能力、全面解决方案的应对能力、客户期望和客户满意度管理能力、项目交付和服务能力；二是面向公司内部的快速协调能力，包括角色认知能力、经营管理能力、内部资源获得能力和整合能力、资源优化配置能力等。

任正非高度认可“铁三角”团队运营模式，他给出了三条阐释：

第一，让听得见炮声的人来决策；

第二，以客户经理、解决方案专家、交付专家组成的工作小组，形成面向客户的“铁三角”团队作战单元；

第三，一线作战，要从客户经理的单兵作战转变为小团队作战。

形成团队智能演化生态体

未来的高维团队组织形态会是什么样的?

它们可能是志同道合、自由联结、协同共创的合伙人之间形成的智能演化生态体。

生态、环境、平台，这些词汇开始越来越多地被人们提起。因为只要建立了完善的生态圈，只要团队有健全的生态，那么就能够自己发展下去，就能够进行自我进化、自我演化。而我们最渴望的，是高维赋能团队的演化生态。

当团队能够建立起智能演化生态，一切工作都会变得简单许多，甚至会形成自然规律一样的固定流程，遇到什么情况，应该有怎样的对策，面对什么问题，应该用什么解决方案，将变得智能化。一旦建立起了智能演化生态，管理人员就不再需要操心团队出现的各种问题，因为一线人员会自己寻找解决问题的方法。如果一线人员不能解决，管理层才会出手解决。当找到了解决办法以后，这个办法就会形成固定的策略，以便其他一线人员在遇到这个问题的时候能够在第一时间解决。久而久之，这种规律就会刻入团队的 DNA 中，形成一套固定流程，让团队达成一次又一次的进化。

智能演化生态，与团队组建时的模型息息相关。有些团队，从最开始的时候就是以智能演化为发展契机的，比如阿里巴巴旗下的淘宝网。淘宝网在刚刚建立的时候，就拥有一个非常庞大的社区，不管是买家还是卖家，都乐于在社区当中交流心得。卖家能够学习到该如何开店，如何参加淘宝的活动。而买家在最开始也需要了解购买流程，需要知道到底怎么才能找到自己想要的东西。人们在社区里互相协助，不断进步，很快就形成了一个良好的生态圈。这种生态圈还会随着时代的不断发展而不断演化，不断进步。总是有人能够发现新的东西，并且愿意将这些东西分享给别人。其他人也能跟随先行者的脚步不断进步，最终就成了一个完善的智能演化生态。

华为的智能演化生态又与淘宝不一样，人们对华为从陌生到熟知，是因为华为的智能手机。想要保证智能手机上所有的配件都是华为自己生产，这对于早期的华为来说是一件不可能的事情。

不管是华为，还是别的公司，都需要大量的合作伙伴。不管是配件供应商，还是渠道商，还是销售平台，还是物流公司，都是非常重要的。如果每次合作都需要重新来找合作伙伴，不仅麻烦，而且效率低下，稳定性也不尽如人意。所以，必须要有长期的合作伙伴，这种长期绑定式的合作，久而久之就能成为一个智能演化生态。

智能演化生态是建立在深度合作上的。这种深度合作要以彼此信任、互相帮助、共同进步为基础。如果是在同一个团队里，各部门之间更要达成这种状态，才能真正地建立这样的共存模式。

同时，智能演化生态也离不开自由重组、协作和共创。不管是大型团队还是小型团队，想要进步都离不开各方面的支持。并且，未来每个团队的发展都要是多元化的，跨平台这件事情就会变得非常常见。如果团队不具有自由重组、协作、共创的能力，那么就难以打造这种模式（见图4－2）。

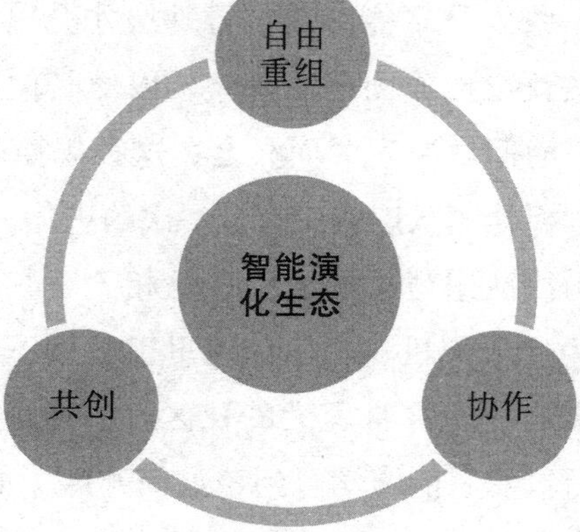

图4－2　团队构建智能演化生态的三大环节

1. 自由重组，是团队建立智能演化生态的基础

在多元化时代，要求每个团队都能够胜任更多、更全面的任务，那就导致了每个任务、每个项目都会面临不同的问题。如果团队组成是固定的，是不能自由重组的，团队就会变得非常不灵活。可能一个并不大的项目，由于团队自身的短板问题，要与其他团队进行配合才能够顺利完成。

如果团队具有自由重组的能力，就能解决这种尴尬。面对不同项目的不同要求，就可以将团队打散重组，有针对性地建立团队，有策略性地组合团队。这样针对项目打造的团队是不会有短板的，不仅能提高工作效率，也不会浪费人力资源。甚至在进行大部分项目的时候，还可以节省不少的人力去负责其他项目。自由重组会让团队在不断地重组、不断地完成项目、不断地成功当中得到成长、得以进化，每个人都能成为团队的中流砥柱。

2. 协作，是保证团队效率的基础

面对大型的项目，面对一个团队难以完成的项目，面对需要各类人才的项目，仅仅靠一个团队是不可能的。在团队能够自由重组的前提下，按照需求重组多个小团队进行协作，才是最好的解决方案。

既然可以自由重组，为什么不组合一个大型团队来一次性地解决问题呢？大型团队虽然力量强大，但是在效率上却远远不如小团队。小团队机动性更高，更加灵活，更能有效地整合、利用资源。因此，想要获得最大的效率和利益，小团队才是最佳的选择。如果建立一个大团队来完成项目，不选择小团队协作，那么当一部分的团队成员提前完成了他们的部分怎么办？这个部分出问题了，或者又有其他的要求了怎么办？而小团队则不一样，当小团队完成了任务以后，还可以进入其他项目，或者是承接其他的工作。即便是出了什么问题，他们仍然可以在第一时间用原班人马来解决问题。这种人力利用的效率是大团队远远不能比拟的。

3. 共创，是建立智能演化生态的最后一环

不管团队是如何重组的，不管团队之间是用怎样的方式进行协作的，如

果没有共创能力，那么早晚会有人，甚至有小团队被落下甚至淘汰。

大团队要有共创能力，要能够保证个人和小团队都能不断地进步，都能跟上大团队的脚步，才能保证重组、协作是可实现的。

前端与后端的分工

前端与后端，是开发软件时常用的术语。前端指的是面向客户的部分，给客户看的部分，和客户交流的部分。而后端，则是前端能够顺利运行的保障，是前端的后盾。在华为，前端是直接面向市场的作战部队，后端则是后台系统和支持系统，是后勤保障部队。

在华为，被称为前端的是那些一线精兵组织。企业少不了攻城略地的前线精兵部队。人人都说创业容易守业难，其实创业的难度要远远高于守业。有多少人在创业的时候仅仅在开拓市场这件事情上就会碰得头破血流。精兵组织，是具备强大能力和权限的一线部队，就是有快速机动能力的部队，就是能处理各种问题的特种部队，他们要面对各种未知情况和突发情况，需要处理的多是不确定性的问题。

前端部队在面临客户、面临市场，或者是其他问题的时候，最大的问题是不了解未知的、没能浮出水面的部分。当公司拥有一支装备精良、训练有素的前端精兵部队的时候，就可以将他们派出去，去面对那些不确定的市场和不确定的对手。他们能够凭借全面的能力和素养，快速地反应，给出最佳的解决方案，或者是将损失降到最低。

而公司后端，处理的多是程序化的例行问题，不需要过多创新，也没有太多的不确定性，因此需要稳定，更需要加强信息沟通和资源共享，需要按既定流程运转。因此，后端不需要太强大的机动性，不需要太强的灵活性，但需要做到能够稳定地解决问题。

后端系统要建立一个共享机制，要能够共享资源、共享信息。越是充足的资源、越是多的信息，越是能够对成功率有一个保障，这就是后端的作用。

后端与前端分工不同，各有各的职能。但是，二者同属于一个组织，必要的配合还是要有的。前端虽然拥有高机动性，拥有强大的应变能力，但是却仍然需要足够的资源与信息才能将事情做得更好，让成功的概率变得更高。而后端，面对前端的信息反馈和请求，也需要及时做出回应、处理，配合前线作战，才能实现公司层面的胜利，多打“粮食”。

上下同欲，达成共识

高维团队高效协作的前提是——实现上下同欲，团队成员要达成共识。

在华为的企业战略中，“达成共识”是一个非常重要的核心要素。时至今日，中国的企业高管们对行业、业务的理解已经足够深刻，因此，要他们去发现战略机会点基本没有难度，对他们来说，真正富有挑战性的是如何将战略机会点变成销售收入和利润。

实际上，在将战略机会点变成销售收入和利润的过程中，使企业上下达成共识是必须要有的环节。

那么华为在“达成共识”方面又是如何做的呢？

华为所理解和实行的“达成共识”主要有两层含义：

第一，管理高层内部达成共识。

管理高层是企业的核心管理团队，如果核心管理团队无法在重大战略上达成共识，那么企业就不会投入大量的人力、物力和财力去完成对应的工作。也就是说，高层无法达成共识的战略是不会落地实施的。让高层在重大战略上达成共识并不是一件容易的事情，许多企业都很难做到这一点，即使是华为也需要花费大量的时间、利用各种方法来使管理高层内部达成战略共识。

第二，管理高层和管理中层就战略规划和战略目标达成共识。

相比于第一个“达成共识”，这个“达成共识”是更加困难的。一些企业的战略规划做得很好，未来三年或五年的战略方向、发展目标和主要业务领域都分条列项得非常清楚，但是在让管理中层落实这些任务时往往就会出现很多问题。而这主要是因为管理高层和管理中层没有在战略规划和战略目标等方面达成共识。

华为推崇的“达成共识”意味着要让企业上下实现目标一致。要使企业就战略目标达成共识，就需要让企业上下明确这一目标究竟是什么。员工如果能明确企业目标，就能将自己的注意力高度集中起来，同时明确事情的轻重缓急并做出明智的决定，这样可以极大地提高他们的工作效率。

华为之所以能在战略方面长期做到零失误，这与它设定战略目标的标准密切相关。华为在设定任何一个目标时都会以SMART标准来设定。

SMART标准包含五个部分，分别是Specific、Measurable、Actionable、Relevant、Time－based，中文解释是具体明确、可度量、可实现、相关性和时间限定（见图4－3）。

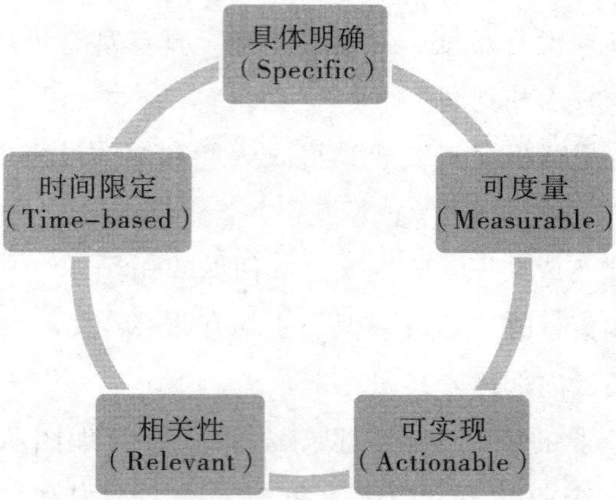

图4－3　SMART标准的五个构成部分

1. 具体明确（Specific）

“具体明确”就是要用具体的语言将所要达成的目标描述清楚。华为的高效能精英都能明确战略目标和本身的业务目标，明确目标是他们工作高效的保证。工作没有效率的员工往往是那些目标不明确或者目标没有具体化的员工。

例如，某一企业给后端服务人员设定的目标是“增强客户意识”，显然，这是一个十分不明确的描述，因此，这一企业的后端服务人员只能笼统地理解这个目标，而他们的理解有可能与领导层和管理层的理解是完全不同的。相反，华为只会给员工设定具体明确的目标。出于同一目的，华为为员工设定的工作目标可能是“将顾客的投诉率降低到 1%”。这样一来，整个目标便被具体明确化了，因此，各层级之间也能更容易达成共识。

华为领导者一般会通过 5W1H 法则来使目标具体明确化，这一法则主要分为 6 个方面。

第一，What——目标是什么。

华为在制定计划之前，会先明确这样做的最终目标是什么。在这个过程中，目标的前提条件、重点任务、操作方法和相关问题等都在考虑范围之内，并且华为会将这些内容一一分条列项，使问题和答案清晰地呈现出来。

第二，When——最合理的时间是什么。

华为在制定目标时会先确定目标计划的开始时间、结束时间、各时间段对应的任务、应变最后期限和应变措施等。在最合理的时间实行目标计划是按时完成目标的保证。

第三，Where——最合适的地点在哪里。

在设定目标时，华为尤为重视“地利”因素。例如，企业的研发地点、工作地点、采购地点以及仓储地点都需要精心考虑。研发地点合适便于工作开展，工作地点合适便于有效完成任务，采购地点合适便于安全快速运达，仓储地点合适便于更好地管理。总之，地点选得合适，目标将更快地达成。

第四，Who——选择什么样的人。

华为会根据目标的重要性和数量来给员工分配任务。在必要时，还会为他们选择搭档合伙人和援助对象。选择对的人去实施目标不仅可以保证工作效率，还能使目标保质保量地尽快达成。

第五，Why——为什么这样做。

在规划目标时，华为人会尽量多问为什么。例如，为什么要研发这个产品，为什么要选择这个市场，为什么一定要达成这个指标，等等。这样做可以极大地避免风险，有效应对各类意外情况。

第六，How——如何做才最有效率。

在明确目标的过程中，华为人始终坚持以下几种原则，比如最快速实现原则、更省时省力原则、避免更多失误原则。总之，就是考虑如何做才最有效率，才能最快地完成目标。

以上六点是华为在设计目标时所需考虑的主要内容。

2. **可度量**（Measurable）

要使目标变得明确就要使目标变得可度量。华为常会用明确的数据来度量目标的达成情况。如果目标是无法衡量的，那么企业就可能在判断目标是否可以实现上花费大量的宝贵时间。用数据来量化目标是实现目标具体化和明确化的有效手段。华为制定的目标一般可以在五个方面体现它的可度量性，分别是时间、成本、数量、质量以及客户满意度。对于那些无法在这五个方面实现度量化的目标，华为会考虑将其分化或流程化。

3. **可实现**（Actionable）

设定不能实现的目标是毫无意义的，因此华为在设定目标时必定会考虑这一目标是否可实现。华为追求的目标不是很难实现的目标，而是那些通过一定努力有很大可能实现的目标。华为深知为员工设定难以实现的目标只会造成不良的后果，比如打击员工的积极性、使员工工作效率降低、使员工无法按时完成任务、造成资源浪费等。

4. **相关性**（Relevant）

这里的相关性指的是企业的某个目标与其他目标之间的相关性。对华为来说，企业的战略目标、管理者的目标和员工的工作目标都应该具有一定的相关性。如果员工的工作目标与企业的战略目标和管理者的目标毫不相关，或者相关度极低，那么这样的工作目标是没有意义的，即使它实现了，对整个企业的发展也是没有多大帮助的。

同时，华为人认为工作目标的制定要与岗位职责相关联。例如，华为的员工在制定个人工作目标时会先将其与自己的岗位相匹配，然后再与整个团队或整个部门的目标相挂钩，最后还要与企业的战略目标相联系。如果员工的目标与以上目标缺少内在联系，那么这样的目标便是不合格的，也是毫无意义的。

5．时间限定（Time－based）

华为在制定目标时一定会给目标设定时间限制。目标没有时间限制往往会影响员工的积极性，导致目标很难在短时间内完成，使员工养成拖拉的坏习惯。另外，目标若没有时间限制就会难以实现量化，也会对相关人员实施考核造成影响。总之，目标没有时间限制，就很难衡量员工工作效率的高低。

然而，华为人也不会盲目地对所有目标都设定时间限制。为目标设定一个时间限制是必须的，但也要根据事情的轻重缓急来执行，不能盲目一视同仁地同时开展所有工作。华为人认为真正好的做法是：为目标拟定时间要求，然后定期检查目标完成进度，时时关注目标进展和变化，适时调整策略与方法。

总之，严格按照SMART标准来设定目标，既可以尽快使企业上下层达成共识，又可以提高员工的积极性和工作效率，最重要的是可以最大限度地减少资源浪费，使员工及时完成最终的工作目标。

华为团队精神的终极体现

“胜则举杯相庆，败则拼死相救”，体现的是华为高维团队精神的终极理念，这句口号最早是华为市场部提出来的，主张不管谁胜利，都是团队的胜利，大家一起庆祝；不管谁失败，也都是团队的失败，大家都会去拼死相救。华为的团队奋斗文化就这样形成了。

早期，华为开创了一年365天，一天24小时，全天候的服务方式。华为上上下下所有员工，手机要确保24小时全天候开机，以便让客户随时能找到他们。

而且，不论是谁接到客户的请求，绝对不允许推脱推辞，华为推行的是“首问负责制”，即客户首先找到的某个员工，即使同自己无关，该员工也要负责传递到公司内部相关人员和部门，推动问题的解决，形成解决问题的闭环。

这种客户服务理念，一方面让客户放心、信赖，积累了良好的产品口碑，另一方面也让一线的市场开发人员消除了后顾之忧，同时让他们接下来的市场拓展工作越来越顺利。

因此，尽管华为早期产品在性能、稳定性上落后竞争对手一筹，但是华为的售后服务有效弥补了这种差距，他们总能够在第一时间顶上去，解决产品问题。市场部也会随时将问题反馈给公司的研发部门，推动其加班加点改进问题、完善产品。与此同时，研发部门有时也会进入一线市场，现场为客户开发新性能、打补丁，解决客户问题。

华为的客户需求越来越多。如何才能保证高效地发出货、发对货，就成了业务发展上的瓶颈。于是，华为便成立了发对货跨部门小组：整个公司，春节不休息，连财务、人力资源、行政等部门人员也都扑到了生产线上，加班加点，发货装车，这就是所谓的“大市场没有前后方”，各部门、各岗位齐心协力尽一切努力满足客户需求。

正是依靠“胜则举杯相庆，败则拼死相救”的团队紧密配合作战行为，依靠着团队协作、互为补充，华为才能攻克一个又一个的山头，才能初步在竞争激烈的电信市场中，获得活下去的可能。

任正非在《一江春水向东流》一文中有这样一番话：

“……我深刻地体会到，组织的力量、众人的力量，才是力大无穷的。人感知自己的渺小，行为才开始伟大……我后来明白，一个人不管如何努力，永远也赶不上时代的步伐，更何况知识爆炸的时代。只有组织起数十人、数百人、数千人一同奋斗，你站在这上面，才摸得到时代的脚。我转而去创建华为时，不再是自己去做专家，而是做组织者。在时代面前，我越来越不懂技术、越来越不懂财务、半懂不懂管理，如果不能民主地善待团体，充分发挥各路英雄的作用，我将一事无成。”

“胜则举杯相庆”，是一种团队文化，它激发华为前线员工对胜利的渴望；“败则拼死相救”，也是一种团队文化，它告诉大家不要害怕失败，遇到困难和失败会有其他组织成员的鼎力相助。

华为人还讲一句话，叫“全营一杆枪”。它出自国产电视剧《绝密543》，任正非曾要求全体员工观看该剧。讲的是一个地空导弹营，有50多辆车、100多个岗位、数百名官兵，他们凝聚为一个整体，聚焦一个目标，通过完美的团队配合，共同优化导弹发射管理流程，全导弹营能够像打一杆枪似的，紧密协同地打导弹，使原本需要1分钟的发射时间，缩短到了8秒，打下一架又一架U2高空侦察机。

华为倡导的“全营一杆枪”，就是指每个岗位、每个角色，一切都围绕团队胜利这个目标，密切配合、完美合作。

为了更好地让“胜则举杯相庆，败则拼死相救”的团队工作理念落到实处，华为将干部的个人考核分为组织绩效和个人绩效两部分。如果组织绩效不好，即使个人绩效再好，也会影响到最终的考核结果。

而要想达成良好的组织绩效，就必须加强与其他部门的通力协作，为客户创造价值。如果没能成功帮助客户，所有的部门都逃不了关联，都要共同承担责任，所谓“有功同享，有过则同罚”。

在华为，工作中如果出现问题，那些能够自我批判、自我检讨的人，往往会赢得主动；而推诿扯皮、缺乏团队意识的人，则部门和个人都会被边缘化。

个人与团队的关系，就如同小溪之于大海。当无数个人的力量凝聚在一起时，方能确立海一般的目标，敞开海一般的胸怀，迸发出海一样的激情与力量，激发出强大的集体战斗力。

第五章

高维团队建设员工成长篇：每个人都是企业负责人

高度赋能、去中心化的高维团队中，员工不再只是雇员，不再是任务工具，而是事业合作伙伴，甚至是合伙人，双方休戚与共，共享收益，共同成长，每个人都是自己的CEO，充满主观能动性和自我管理能力。将员工视为合作伙伴，不只是一句空话，华为还有制度上的安排——全员持股制度。

复制能力：快速培育和赋能员工

世界领先的全球管理咨询公司麦肯锡的一位顾问透露说："你所要做的事，以前已经有人做过了，把这个人找出来。如果我们能把他的成功经验流程化，然后按照流程执行，就一定可以提高绩效。"

这就是企业推行流程管理、标准管理的意义所在。一套好的标准，可以帮助团队训练人、改造人、培养人，减少新员工自行摸索的时间，通过"前人栽树，后人乘凉"的方式让新员工迅速掌握基本的工作技能和职业规范。

来看一下华为的新员工复制机制（见表5－1）。

表5－1　华为的新员工复制机制

第一阶段	新人入职，让新员工知道来干什么的，快速融入企业（第3～7天）
1. 给新人安排工位，开一个欢迎会或聚餐会，使其熟悉周围同事（每人介绍的时间不少于1分钟）； 2. 上司直接与其单独沟通，让其了解公司文化、发展战略等，并且上司需要了解新人专业能力、家庭背景、职业规划与兴趣爱好； 3. HR主管告诉新员工其工作职责及其发展空间； 4. 上司直接安排其第一周的任务，包括：每天做什么、怎么做，以及与任务相关的负责人是谁； 5. 对于日常工作中的问题及时发现及时纠正（不做批评），并给予及时肯定和表扬（反馈原则）； 6. 让老同事（工作1年以上）帮助新人尽快融入团队。	

（续表）

第二阶段	新人过渡，让他知道如何能做好（第8～30天）
1. 带领新员工熟悉公司环境和各部门人员，让他知道怎么写规范的公司邮件、怎么发传真、电脑出现问题找哪个人、如何接内部电话等； 2. 最好将新员工安排在老同事附近，方便观察和指导； 3. 及时观察其情绪状态，做好及时调整，通过询问评估其是否存在压力； 4. 适时把自己的经验及时教给他，让他在实战中学习，学中干、干中学是新员工十分看重的； 5. 对其成长和进步及时肯定和赞扬，并提出更高的期望。	
第三阶段	让新员工接受挑战性任务（第31～60天）
1. 知道新员工的长处及掌握的技能，对其讲清工作的要求及考核的指标要求； 2. 多开展公司团队活动，观察其优点和能力，做到扬长避短； 3. 犯了错误时给其改善的机会，观察其逆境时的心态，观察其行为，评估其培养价值； 4. 如果实在无法胜任当前岗位，看看是否适合其他部门，多给其机会，管理者很容易犯的错误就是一刀切。	
第四阶段	表扬与鼓励，建立互信关系（第61～90天）
1. 当新员工完成挑战性任务或者有进步时，及时给予表扬和奖励； 2. 多种形式的表扬和鼓励，要多给他惊喜，多创造不同的惊喜感； 3. 向公司同事展示下属的成绩，并分享成功的经验。	
第五阶段	让新员工融入团队，主动完成工作（第91～120天）
1. 鼓励新员工积极踊跃参与团队的会议并在会议中发言，当他们发言之后作出表扬和鼓励； 2. 对于激励机制、团队建设、任务流程、好的经验要多进行会议商讨、分享； 3. 与新员工探讨任务处理的方法与建议，当下属提出好的建议时要肯定他们； 4. 如果与旧同事间出现矛盾要及时处理。	
第六阶段	赋予员工使命，适度授权（第121～179天）
1. 帮助下属重新定位，让下属重新认识工作的价值、意义、责任、使命和高度，找到自己的目标和方向；	

（续表）

2. 时刻关注新下属，当下属有负面的情绪时，要及时调整，要对下属的各个方面保持敏感； 3. 让员工感受到企业的使命，放大公司的愿景和文化价值、放大战略决策和领导意图等，聚焦凝聚人心和文化落地、聚焦方向正确和高效沟通、聚焦绩效提升和职业素质； 4. 当公司有重大事情或者振奋人心的消息时，要引导大家分享； 5. 开始适度放权让下属自行完成工作，让其发现工作的价值与享受成果带来的喜悦，但放权不宜一步到位。	
第七阶段	总结，制订发展计划（180 天之后）
度过了前 180 天，一般新员工会转正成为正式员工，随之而来的是新的挑战。 1. 每个季度保证至少 1 ~ 2 次 1 个小时以上的正式绩效面谈，谈话做到有理、有据、有方法； 2. 绩效面谈要做到：明确目的；员工自评（做了哪些事情，有哪些成果，为成果做了什么努力，哪些方面做得不足，哪些方面和其他同事有差距）； 3. 领导的评价包括：成果、能力、日常表现，要做到先肯定成果，再说不足，在谈不足的时候要有真实的例子做支撑； 4. 协助下属制定目标和措施，让他做出承诺，监督检查目标进度，协助他达成既定的目标； 5. 为下属争取发展、提升的机会，多与他探讨未来的发展，每 3 ~ 6 个月给下属评估一次； 6. 给予下属参加培训的机会，督促其制订出个人成长计划，分阶段去检查。	
第八阶段	全方位关注下属成长（每一天）
1. 关注新下属的生活，当他生病、失恋、遭遇家庭变故、心理产生迷茫时，多支持、多沟通、多关心、多帮助； 2. 记住每个同事生日，并在生日当天进行部门集体庆祝；记录部门大事和同事的每次突破，对每次的进步给予表扬、奖励； 3. 每月举办一次团队集体活动，增强团队的凝聚力，关键点：坦诚、赏识、感情、诚信。	

华为新员工培训标准非常详细与周到，这种标准化的培训机制的最大魔力在于其复制力。这种体制下，能够快速培养出职业化的员工，使其在最短的时间内掌握完成工作所需具备的必要技能，掌握企业的做事方式和操作流程，习惯企业的文化氛围。

这就回到了团队管理的一个本质任务上，就是持续培养出适合企业组织需求的敬业员工，而标准化管理、标准化培训及企业文化，能够将新人成长变得模式化，“模式 + 标准化训练 = 职业化员工的复制”，高维团队具有复制能力。

通常，高维团队有四大复制系统，内容包含如下：

人才系统，包括选人、用人、育人、留人的操作机制和实施标准；

信念系统，包括员工心态培养、角色定位、职业规划的操作机制和实施标准；

团队管控系统，包括团队成员辅导、团队会议、团队激励和团队执行的操作机制及实施标准；

销售系统，包括客源拓展、客户服务、销售绩效、销售话术的培训机制及实施标准。

团队标准化管理就是要做到程序化、流程化、规范化，在内部形成统一的规范和标准，所有工作都可以按照规范和标准完整地执行、不折不扣地实施。标准化是工作改进的基础，既保持改进的成果，又为下一次改进提供数据依据。

华为的核心人才观

华为近20万名员工中，有90%以上是高素质、高学历的知识型员工。仅在5G技术研发领域，华为就拥有数千名高端技术人才。随着华为在战略上不断取得成功，华为的人才战略也越来越受到各类企业的关注。“宰相必起于州部，猛将必发于卒伍”，华为在人才管理方面不仅具有丰富的经验，同时还具有较强的创新意识。

华为核心人才供应链的打造，有赖于以下人才观。

1. 重用知识型人才

华为对知识型人才尤为重视。在华为人眼中，公司今天取得的成就主要是由知识型劳动者创造的。华为一直采用不上市策略，因此它至今没有直接的融资渠道。从这一点可以看出，在华为的价值创造中，资本仅占次要地位。而真正能为华为创造价值的又是哪种要素呢？

只要我们认真审视华为的人员结构便很容易回答这个问题。2021年，在华为近20万名员工中，研发人员占比约55%，在如此庞大的员工基数面前，这一比例已经足够惊人。实际上，与许多企业相比，华为的生产人员只占到很小的比例。

因此，真正为华为创造价值的主要是那些知识型员工。华为总裁任正非十分清楚知识型员工的价值，他曾指出：“华为没有可以依存的自然资源，唯有在人的头脑中挖掘出大油田、大森林、大煤矿……”由此可见他对知识型人才的重视。

2. 人才资本增值优先

一直以来，华为追求的都是长期可持续发展。因此短期利润最大化、股东价值最大化都不是华为的首要目标，华为的首要目标是让企业获得长期有效的增长。华为坚信优先进行人力资本投入，企业才能获得财务资本的增长，也才能获得更高的投资回报。所以，华为一直将人力资本投入放在优先位置。人力资本所涉及的范围较广，比如员工的数量、技能、教育水平、合作能力、创新能力、学习能力、生产能力等都属于人力资本。

相比于短期损益，华为更加注重长期效益。例如，大量招收人才虽然会损耗企业的当前资本支出，但是华为对真正的人才是来者不拒的，因为人力资本的超前投入注重的是抓住人才，而抓住了人才就相当于抓住了机会，这对企业的长期效益是价值无限的。

3. 放眼全球，广纳人才

华为的人才引进绝不局限在国内，事实上，目前的华为已经引入了大量的国外人才。作为一家全球化公司，华为理应放眼全球，广纳人才。华为通过精挑细选从国际名校选拔出了许多专业和优秀的人才，他们的吃苦精神和意识与华为的价值观不谋而合。由于他们的加入，华为的员工队伍也变得更加多元化，华为团队的包容性和创新性也获得了极大的提升。

4. 以奋斗者为本

“以客户为中心，以奋斗者为本，长期艰苦奋斗。”这是华为企业文化的一部分，也是华为的核心价值观。什么是“以奋斗者为本”呢？华为给出的答案非常朴实，即不让奋斗者吃亏，给予奋斗者和奉献者奖励就是以奋斗者为本。华为总裁任正非认为员工在华为改变命运的方式有两个：奋斗和贡献。企业不能让奋斗者和贡献者吃亏，这是华为企业文化的重要组成部分，因此要让其落实到员工考核与价值分配的细节中去，让奋斗者和贡献者受益。

5. 既要尊重个性，又要兼顾集体奋斗

集体奋斗是华为文化的内核，华为将其形象地描述为“胜则举杯相庆，败则拼死相救”。身为华为的员工，必须要融入华为的整个团队，这样才能大有作为。“蓬生麻中，不扶自直。”华为不仅强调集体奋斗，同时也尊重员工个性。集体奋斗是一种优秀的文化氛围，在这种氛围里，员工的个性可以充分展现，个人的潜能也能充分发挥，而这又将反过来促进集体变得更加卓越。

6. 用人所长，避人之短

是英雄，便无须问其出处。人的优缺点是同时存在的。华为用人的原则是用人所长，避人之短。在提拔人才时，华为更多的是关注员工的优点、能力和业绩，而很少将他们的资历、学历和出身看得过重。一切以结果为导向，一切以发挥员工优势为导向。华为之所以敢于大胆使用和提拔年轻人，正是出于这个原则。

7. 为高素质人才谋福利

华为通过内部调查发现，素质越高的人往往会越注重个人成长，同时也越注重工作的意义。华为人之所以愿意为企业做牺牲、愿意为企业艰苦奋斗，主要在于以下三个原因：

第一，华为能赋予员工及其家人幸福感。奋斗者和奉献者都能从华为那里获得丰厚的物质回报。根据相关调查，华为的薪资水平在业内处于顶尖水平。华为的优秀员工不仅能获得企业给予的丰厚奖金和福利，还能获得晋升机会和股票分配。据不完全统计，华为 2021 年的持股员工超过 13 万人，他们每年获得的股票分红也是一份可观的收入。

第二，华为能获得员工的高度认同。在华为，员工高度认同企业的使命和愿景，他们愿意为华为的远大目标而奋斗。每当华为取得巨大成就时，他们更会由衷地为华为感到自豪。

第三，华为能给员工带来挑战和乐趣，让他们在创造性的工作中获得成就感并实现自我价值。华为那些极具挑战性和创造性的工作不仅会给员工们带来无尽的挑战，同时也能给他们带来无与伦比的乐趣。员工们坚信华为能改变世界，在华为工作就是在改变世界。

把员工当作事业合作伙伴

屹立华尔街百年不倒、叱咤世界的顶尖投行高盛，采取的是合伙制。高盛的合伙人机制很好地保障了所有高盛员工一面努力赚钱，一面对共同利益进行高度监督。正如一名高级合伙人所说："没有人会去清洗一辆租来的车。成为合伙人的梦想是一种无与伦比的激励力量，也是吸引最优秀人才的巨大诱惑。"

这就是合伙制所带来的归属感，也是合伙制的核心优势所在。成为合伙人，意味着和公司紧密捆绑，是公司的合作伙伴，而不再只是雇员，利益共享、生死与共，既能分享公司收益，也要充分履行主人义务。

在高度赋能、去中心化的团队中，员工不再只是雇员，不再是任务工具，而是事业合作伙伴，甚至是合伙人，这在包括高盛在内的一些国内外知名企业中已经成为共识。

在《华为基本法》中，有一段关于企业价值创造学说的论述："劳动、知识、企业家和资本创造了公司的全部价值。"

华为将知识也视为企业价值创造的源泉之一，强调员工的智力劳动在企业发展中的关键作用，并以全员持股的企业底层制度设计，将其知识资本转化为企业的财务资本，使员工具有了一定的剩余价值索取权，成了企业的主人，同企业成了生死与共的利益共同体。

在1997年修改的员工持股规定中，华为的目的是将员工利益与企业长期利益紧密结合在一起，增强员工对公司的归属感、长远发展的关注和管理的参与度，形成具有竞争力和激励效应的科学的分配制度。

全员持股制度下，严格来说，华为只有两个股东，一个是任正非，一个是华为工会，其中任正非持股1.01%，华为工会持股98.99%。

在此基础之上的华为公司治理机制为：

首先，由有选举权的持股员工选举产生持股员工代表会。

其次，由代表会选举董事会、监事会，再选举常务董事会、常务监事会、副董事长、常务副董事长，这是华为的高层治理结构。华为董事会17个人，常务董事会7人，3位轮值董事长，轮值董事长每人任期为半年。

华为员工持股有如下特点：

第一，普惠制，持股人数庞大。华为是全世界实行员工持股计划的最大的公司，表现在两个方面，一是持股员工比例最高；二是员工持有的股份比例占比最高。也正因为如此，华为在中国无法上市，因为有限责任公司股东人数不能多于200个，而华为则有近10万名股东。

第二，性质上属于“虚拟受限股”，只拥有分红权，没有投票权。

第三，员工出资购股，按每股净资产值定价。

第四，享有高分红、低股价，股份可以保留和回购。

第五，公司所有者持股比例低，但不影响其控制力。

第六，股权结构会持续优化。

员工持股计划给华为员工带来了实实在在的回报，带来了切切实实的激励。

员工通过持股计划同企业实现了紧密捆绑，成为利益共同体，他们愿意为企业利益而战，同时也是在为个人利益而战。而事实上，他们每年从企业所得利润中，也确实可以得到高额的工资收入，还可以获得非常高的持股分红回报，这是华为队伍战斗力的根本源头。

华为通过全员持股计划打造的利益共同体，将员工变为了公司的股东、合伙人、事业伙伴，员工与公司形成利益共同体、事业共同体、命运共同体，彻底解决员工打工心态问题，让员工为自己的事业而奋斗。

领英联合创始人雷德·霍夫曼也指出：“新的契约模式，是在预见到雇佣关系变幻无常的基础上，寻求建立信任、投资关系的方法，但与此前牢固的忠诚纽带不同的是，此时双方都在寻求‘联盟’中的共同利益。”

成为事业上的伙伴、盟友后，团队和员工之间的关系出现了很多微妙的变化。比如，在办公室里的措辞变了，迪士尼称自己的员工为“演员”，腾讯将自己的员工叫作“内部客户”，星巴克认为“没有员工，只有合伙人”。做事情的方式也变了，一家之主的作风不见了，比如差遣下属去打盒饭、买咖啡等。得到公司的首席执行官脱不花看到下属给罗振宇倒茶，她立即制止道：“你有更重要的事，罗振宇自己有手。”

中通快递公司董事长赖梅松提出：“中通不是一个人的中通，是所有人的中通。”员工以合作伙伴的身份加入，赖梅松帮助员工从就业走向创业，实现同建共享的理念。

有了被认可的身份，就有了尊严、有了归宿。团队和员工之间做出职业承诺，互相成为伙伴、盟友，这是员工潜能得以爆发的基础，也是团队成功的基石。

团队事业伙伴制的关键在于，以合作伙伴运营管理系统为核心，将所有核心骨干都视为团队、组织事业的合伙人，对每个人的价值贡献进行量化，以功绩大小来衡量员工对公司的业绩贡献和文化贡献，对员工绩效实行数据化管理。

有了合作伙伴，才能有同盟军，有共同前行的伙伴，一起出生入死，一起爬雪山、过草地。当然，作为回报，也要让合作伙伴享受到对等的收益。

团队事业伙伴制必须做到和利益分配、福利待遇挂钩，建立科学的价值创造和利益分配体系，将短期利益和长期利益结合起来，让团队成员享受到组织发展的成果，获得同其贡献相对称的利益。

用兵要狠，爱兵要深

2006年，任正非在亚太地区部工作汇报会上的讲话中指出："军队中有句口号叫'首战用我，用我必胜'。铁军都是打出来的，这些铁军他们不仅是用兵狠，更重要的是要爱兵切。每天夜里两三点了，都要去查哨、查铺，看看有没有战士偷懒打瞌睡的，也看看有没有战士被子掉了的，给盖上被子。这是管理战士，也是关心战士。"

华为的铁军是战场上打出来的，华为的兵是爱出来的。华为要求各级干部在带领团队奋斗的过程中，要做到用兵狠、爱兵切。

历史上的铁军，都是打出来的，同时铁军的将领也都是爱兵之人，打仗之余，非常关心士兵的生活冷暖。

华为也特别关爱员工，任正非指出："我们对那些奋斗后身体不好的人，要关怀。特别是那些经过紧张项目下来，实在太累的人，给以两三天的度假安排，在海边或风景区休整一下，恢复体力。对那些弦绷得太紧的人，适当给予休整。"

华为铁军是由领袖对士兵关怀而产生的，队伍对外的坚韧，离不开对内的柔和。任正非还建议华为的高级管理者要爱惜身体，不要把担子挑得太重，要懂得下放权力，减轻工作负担，保护好身体。对此，任正非的考虑是——"如果你们不爱护自己的身体，其实就是榨干这个公司，因为公司总是要交给你们的，然后你们病恹恹的，这样子有啥好处？"

华为的狼性精神、狼性团队都是建立在用兵要狠基础之上的。

慈不掌兵，义不掌财。作为团队领袖，团队成员就是手中的兵。有不少领袖是以爱兵如子著称的，但也有一些铁血将领即便是用兵极狠，却仍然能够得到下级的爱戴，并且屡屡斩获胜绩，这是为什么呢？其实就是因为他们掌握了一个要点，只有用兵狠，才能打胜仗，士兵才能立功获奖。

用兵要狠，这是作为一名主官必备的品质。任何一个管理者都要明白一件事情，那就是你所服务的对象是谁、你要达成的目标是什么。你所服务的并不是你的团队成员，并不是你的下级，而是你的团队。团队的利益大于一切，如果你过于仁慈，如果你总是不忍心用兵，总是担心兵力遭受损失，总是担心自己的士兵太过于辛苦，那么团队的利益谁来保证？如果一个团队中，每个人在任何时候都非常轻松，那么团队的战果和绩效就无法保证，这样的团队没有存在的必要。

华为良好地奉行了用兵要狠，要说国内企业加班制度，那绝对绕不过华为。在华为，一个月加班几十，甚至上百小时的情况十分常见。有不少员工都准备着垫子，累了就休息一会，休息好了就继续工作。工作就是生活，而生活就是工作。这样的团队才能够不断地进步，才能够超越对手，越走越远。

用兵狠的同时，主官对自己也要狠，否则就难以服众。就连任正非都将自己当成了士兵，对待自己也是出奇的狠。他不像马云，在功成名就以后开始放权，四处演讲。也不像王石，有着各种各样的爱好。任正非已经年近80岁，他的办公室里放着一张小床，工作累了，就在床上小憩一会。出差的时候也经常是一人独行，亲力亲为。

用兵要狠，但是同时要做到爱兵要深。否则，作为领导、上级，很快就会失去人心、失去威信、失去领导力。华为用兵之狠，业内闻名，但是爱兵之深，同样无企业能出其右。华为是最早实行“996”制的企业，但是华为的“996”是建立在高额加班费基础之上的。在华为工作的确辛苦，但是良好的工作环境，高额的薪水、加班费、奖金、分红，都能让这份辛苦变得值得。重赏之下必有勇夫，虽然有人不认可华为的加班文化，但也有许多人认为能进入华为，拿上一份高薪，是十分有吸引力的。

如今有不少企业，没有华为的命，却得了华为的病。拼命地压榨员工，只顾对员工狠，却不给应有的回报。这样的组织势必难有大作为、走不远，仅仅只有用兵狠，却没有对等的关爱和回报，那么成员就会不断流失。想要学华为，就要全盘学习。只学一半，那团队只能面临灭亡。

法国有一句名言："爱你的员工吧，他会百倍地爱你的企业。"

对企业来说，只有尊重、关心，发自内心地去爱员工，才能在团队中形成融洽的上下级关系，才能让员工心无旁骛、死心塌地地为企业利益去奋斗。

帮助下属成长，提供上升通道

在人类社会里，社会个体若想获得更多，需要通过学习和劳动，通过掌握知识和技能，通过工作、创业来获得报酬，以实现个人价值。不过，在如今的中国，仅仅凭借这些主观努力似乎还远远不够，年轻人所面临的社会上升渠道还不够宽广、畅通。新东方联合创始人徐小平曾坦言，如果现在社会的上升通道都被堵住，那么就不会出现雷军、张朝阳以及俞敏洪这些创业传奇人物了，因为实际上，他们都是从平民子弟上升到如今这种层级的。

寻求发展，是人的本能，也是人类文明发展的基本的追求。人类从树顶上、山洞里走到地面上来，希望过得好一点、得到多一些、愿望实现得多一些，这就是上升通道。文明社会里边唯一的上升通道就是通过学习和劳动、知识和技能去得到更多的东西。

在企业团队层面，员工同样有上升的需求，团队管理者只有设法去满足员工的这种需求，才能激发员工的斗志和工作积极性。

高维团队是开放和包容的，同时又是充满机遇和成长空间的，他们将员工的成长作为头等大事来抓。事实上，给团队成员提供上升通道，并不仅仅是简单地给予其升职的机会，而应为员工建立多通道晋升机制。

多通道晋升机制，是在单一的行政等级晋升这一条职位发展通道上，衍生出来的具有多种非行政等级晋升通道的机制，例如技术通道、内部顾问通道等。这种晋升机制能满足不同个性员工的需求，更为人性化。

华为是这种多通道晋升机制的践行者，它在借鉴英国企业任职资格模式的基础上，设计了著名的“五级双通道”模式。

首先，梳理出管理和专业两个基本上升通道，再按照职位划分的原则，将专业通道进行细分，衍生出技术、营销、服务与支持、采购、生产、财务、人力资源等子通道。这些专业通道的纵向再划分出五个职业能力等级阶梯，比如，技术通道就由助理工程师、工程师、高级工程师、技术专家、资深技术专家五大台阶构成，而管理通道是从三级开始，分为监督者（三级）、管理者（四级）和领导者（五级）（见图5-1）。

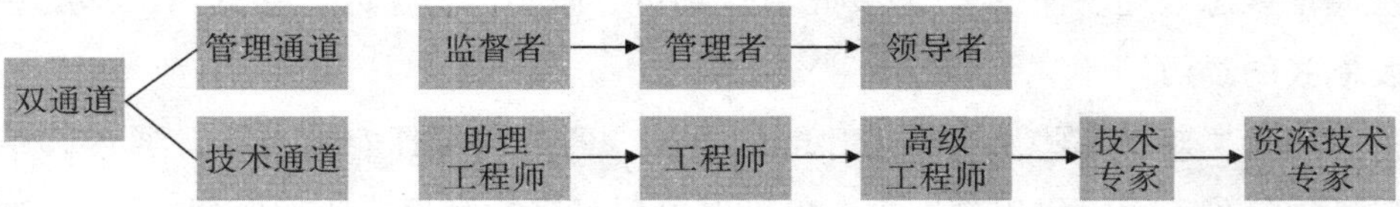

图5-1　华为晋升双通道（专业通道以技术通道为例）

在这个多通道晋升机制中，所有员工都至少拥有两条职业发展通道。比如，以技术岗人员为例，在获得二级技术资格之后，根据自身特长和意愿，既可以选择管理通道，也可以选择技术通道发展。由于两条通道的资格要求不同，如果技术特点突出，但领导或管理能力相对欠缺的话，就可以选择在技术通道上继续发展，一旦成长为资深技术专家，即使不担任管理职位，也可以享受公司副总裁级的薪酬与职业地位，企业也得以充分保留一批具有丰富经验的技术人才。很多员工还可以选择两个通道分别进行认证，企业采取“就高不就低”的原则来确定员工的职位与待遇。

这样，对员工而言，根据自身特长和意愿，既可以选择管理通道发展，也可以选择与自己业务相关的专业通道发展，从而妥善解决了一般企业中“自古华山一条路（升到管理岗位），万众一心奔仕途”的问题。

这样的晋升机制，才有吸引力。同样的案例，还有海底捞。

在海底捞，每个新来的员工都有三条晋升途径可以选择：

第一，管理线：新员工→合格员工→一线员工→优秀员工→领班→大堂经理→店经理→区域经理→大区经理；

第二，技术线：新员工→合格员工→一级员工→先进员工→标兵员工→劳模员工→功勋员工；

第三，后勤线：新员工→合格员工→一级员工→先进员工→文员、出纳、会计、采购人员、物流人员、技术部人员、开发部人员→业务经理。

在这家知名餐饮企业，学历和工龄都不再是员工晋升的必要条件。这种“不拘一格降人才”的晋升机制，不仅让海底捞处在社会底层的员工（大部分都是农村出身，没上过大学的年轻人）有了尊严，还让他们相信：只要努力，人生就有希望。对海底捞的后来者，袁华强是一个很好的榜样。高中毕业后，19 岁的他走出农村老家，去海底捞打工，最初的职位是门童，现在是北京和上海地区总经理。他说：“只要正直、勤奋、诚实，每个海底捞的员工都能够复制我的经历。”

而且，对于那些没有管理才能的员工，通过任劳任怨地苦干，通过脚踏实地地工作，也可以得到认可，也可以得到可观的回报，比如做到功勋员工，其工资收入就会和店长不相上下。

这些举措，都极大提升了团队成员的自我认同感与归属感。

提升团队职业化水平

高维团队，必然是高度职业化的团队。

所谓职业化就是工作状态的标准化、规范化、制度化，即在合适的时间、合适的地点用合适的方式说合适的话、做合适的事，使知识、技能、观念、思维、态度、心理等符合职业规范和标准，这样一整套的团队规范化工作系统。

我们知道——

提到谷歌、苹果、微软，人们就会联想到美国；

提到索尼、松下、东芝，人们就会联想到日本；

提到奔驰、宝马、西门子，人们就会联想到德国；

提到欧莱雅、路易·威登，人们就会联想到法国；

提到阿玛尼、法拉利、兰博基尼，人们就会联想到意大利；

……

这些风行世界的知名企业或品牌，就是这些国家的代名词，是这些国家最强大的展示，也是它们纵横整个世界畅通无阻的通行证。

这些知名企业或品牌之所以能让人和其所代表的国家与国家精神联系起来，在于它们本身所蕴含的文化氛围与极度专业化。如果再将视角进一步缩小，你会发现成就这些企业或品牌的，无不是极其职业化的管理者、职业化的员工以及职业化的团队，正是在他们的掌舵及幕后努力之下，才有了那些企业或品牌的无限辉煌。

职业化，简单来说就是“专职化”或“专业化”，职业化的团队也就是

“专职化”或“专业化”的团队。

“职业化”是国际化的职场行为准则，是所有工作团队及其成员必须遵循的一套游戏规则，是职业人士基本素质的一种体现，“职业化”还是一种对工作无限热爱、对事业孜孜不倦地追求的敬业精神。

由职业化人士所构成的职业化团队，是现代企业组织成熟的一个重要标志，是一个管理者和企业成功的基石。职业化团队是一个复合名词，首先是职业化，这要求团队的每一个成员都要有职业化的素质；其次是团队，这要求个体能够正确组合，发挥出团队合作的优势，组成一个职业化的组织。

要建立一支训练有素的职业化队伍，首先要让员工树立正确的职业理念。告诉员工什么是正确的、什么是错误的，什么是团队支持的、什么是团队反对的，也就是通过培训和宣传不断强化员工对职业化的正确认识和理解。

华为公司在新员工加盟后，首先要把他们送到深圳总部参加军事化的职业培训，给员工“洗脑”。华为会给刚进入公司的每个员工发这样一封信：

> 公司要求每一个员工，要热爱自己的祖国，热爱我们这个多灾多难、刚刚开始振兴的民族。只有背负着民族的希望，才能进行艰苦的搏击而无怨无悔。我们总有一天，会在世界通信的舞台上，占据一席之地。任何时候、任何地点都不要做对不起祖国、对不起民族的事情。要模范遵守国家法规和社会公德，要严格遵守公司的各项制度与管理规范。对不合理的制度，只有修改以后才可以不遵守。任何人不能超越法律与制度，不贪污、不盗窃、不腐化，严于律己。我们崇尚雷锋、焦裕禄精神，并在公司的价值评价及价值分配体系中体现，决不让雷锋们、焦裕禄们吃亏，奉献者定当得到合理的回报。在华为，一丝不苟地做好本职工作就是奉献，就是英雄行为，就是雷锋精神。

职业化团队对每个成员都提出了更高的要求，具体到自己的团队成员身上，可从以下几个方面去衡量他们是否足够职业化：

第一，工作态度是否积极。积极的工作态度是指在任何情况下，都能够保持一种积极向上的心态，不畏困难，并且认为任何问题都是有办法解决的。一个具备积极工作态度的人，才有可能不断地取得工作成效。

第二，是否具备专业能力。一定的专业能力是完成工作的基础，这对于需要培养职业化工作习惯的人来说显得更加重要。

第三，是否善于做工作计划和总结。员工懂得做计划，意味着他们的目标清晰、步骤明确。具体表现为一个人在日常工作中总是能够主动地做好每个月、每周甚至是每天的工作计划，并且在计划中明确了什么是重点工作、什么是非重点工作。另外，在阶段性的工作完成后，还要能够主动地对过去的工作进行回顾，看看工作的结果与计划相比较有什么出入，通过该阶段的工作，自己有什么收获和心得体会。

第四，是否具备充分的沟通能力。沟通的目的是让别人了解自己的工作，也让自己了解别人的工作。如果一个人在沟通上存有障碍，那他的职业化印象就会大打折扣。

第五，是否注重细节。细节本身其实意味着一种规范。能够注重细节，代表着一个人具备良好的修养，这样的人往往能够很规范地开展工作。

第六章

高维团队建设价值导向篇：以客户为中心，导向商业成功

一切企业组织、团队最终都以在市场上获得成功，获得经营收入为要旨，客户是团队价值的最终体现和衣食父母，高维团队更崇尚客户思维，以客户为中心。在任正非看来，客户满意，才是华为的成功。以客户为中心是华为的根本价值观，导向商业成功则是企业的最终追求。

客户思维：只有客户成功，才有华为的成功

企业的一切活动都是要导向商业成功，华为作为商业集团，成功的标准只有一个，那就是实现商业目的，而商业目的的实现是建立在成功服务客户基础之上的，正因为如此，以客户为中心，才是华为价值观的重中之重。

美国知名投行摩根士丹利的首席经济学家斯蒂芬·罗奇曾带领一个投资团队到华为进行考察，然而任正非并没有到场，只是安排了一个常务副总裁进行接待，罗奇很是失望，称华为拒绝的可是一个3万亿美元的财团。

对此，任正非的回应却是："罗奇又不是客户，我为什么要见他？如果是客户的话，再小的我都会见。他带来机构投资者跟我有什么关系啊？我是卖设备的，就要找到买设备的人。"

这也从侧面印证了华为以客户为中心的价值观。

为了更好地了解客户需求以及为客户提供服务，听取客户在各方面的意见并及时作出反应，华为努力做到凡是有华为设备的地方，都设有华为的服务机构。在国内，这些服务机构分布到全国30多个省市和300多个地级市；在国际上，这些服务机构在全世界90多个国家和地区均有分布。华为在干部选拔以及企业领导的考核指标上都是依据客户的满意程度来评判的，在华为的整个人力运作过程当中，客户需求的导向以及为客户服务的宗旨贯穿始终。

华为的客户服务深入到了什么程度？在海外的华为技术人员，经常应邀参加一些西方大型通信公司的设备维修活动，而这些设备竟然是竞争对手提供的产品，客户也曾联系这些产品供应商，但对方要么不予理会，要么效率

低下，要等待很久。而华为的技术人员则能够做到随叫随到，甚至对非华为设备的维修也能够随叫随到。

极致的客户服务，让华为赢得了更多的潜在客户，也挤压了竞争对手的市场空间。

市场洞察“五看”

能否在市场上取得商业成功，取决于团队的市场洞察力，华为在对市场战略机会点的把控上有一套方法论，即市场洞察的“五看”法（见图6－1）。

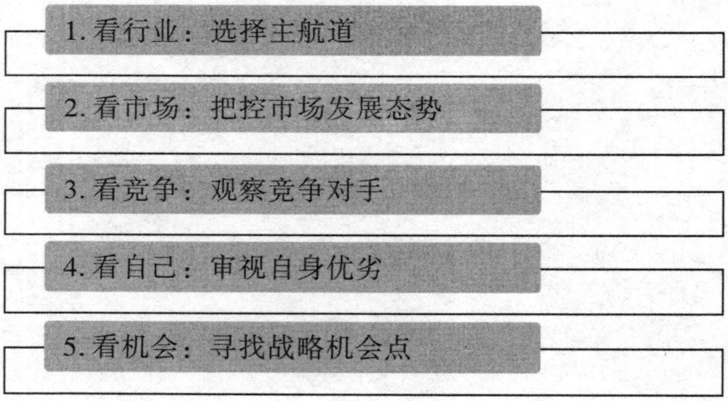

图6－1　市场洞察“五看”

1. 看行业：选择主航道

要做到这一点，需要企业对所处行业目前状态以及行业未来的发展趋势有一个清晰的认识。从宏观上来讲，比如说企业对国家这一层次的政治、经济、文化等方面的发展态势有着怎样的看法？这些变化对企业所处行业将会产生什么样的影响？在整个行业内，行业的技术水平在将来有着什么样的发展趋势？它将会产生什么样的变化？等等。

企业要注意观察行业的发展变化、商业模式与利润模式的变化，会为企业带来新的战略机会点。企业在行业发展中，要对利润区有所识别，能做到主动发现利润区。企业要训练出灵敏的“嗅觉”，能够及时地感知到有利润的区域。

华为选择了通信领域作为主航道，这个行业尽管比较窄，业内也都是世界级的竞争对手，但好在市场规模足够大。于是华为就在该领域实现战略聚焦，数十年如一日地集中资源进攻，培养战略耐性。

2. 看市场：把控市场发展态势

华为在短期观察市场的发展方向和态势方面做得非常到位，它能够对市场在未来五年的发展态势和发展的战略方向以及对客户在未来发展当中所存在的痛点都有着自己的一套预测方案，并且这套方案有着很高的准确度。企业要与哪些客户展开合作？客户需要购进什么样的产品？客户有着怎样的需求？这些都需要企业对其进行详细的调查与研究，而那些战略机会点往往就会在调查的过程当中出现。

在华为，每一位销售人员必须要搞明白自己的客户是谁，客户想买什么样的产品，由谁来买这些产品，谁能够决定是否买这些产品，买这些产品要通过怎样的渠道。

首先，要对客户的购买行为进行分析进而了解客户的需求，客户所购买的仅为产品本身吗？客户购买产品都通过什么样的渠道呢？在观察客户时，这些均为企业所要考虑的事项。

华为在面对不同的客户时，有着不同的服务侧重点，面对购买者就要侧重产品；面对运维者，就要侧重降低运维成本；面对财务官就要侧重资金成本的降低；等等。不同的客户，服务侧重点不同，针对的方案也就不一样，一切运转都要以企业所面对的客户为出发点。

3. 看竞争：观察竞争对手

华为在看竞争方面主要是对竞争对手的观察，达到知己知彼，这样才能在商战中做到百战不殆，具体通过预测竞争对手在未来的定位以及发展态势和规模，研究其发展战略，在观察竞争对手时，不仅仅局限于观察它的产品，企业产品的强大只是外在表现出来的结果，而里面的各种因素才是真正需要企业仔细观察的重心。

华为当年在安徽做无线业务时与爱立信竞争，爱立信利用自身拥有顶级的人力资源团队的优势，通过为安徽移动提供免费人力资源咨询服务招揽了安徽的无线业务，使华为大败而归，爱立信通过自身具备的优势为业务打开了一条通路，进而击败了竞争对手。华为在这之后同样学到了这一法门，利用这个方法在南非击败了竞争对手。

4. 看自己：审视自身优劣

华为在观察竞争对手的同时，也在不断地审视自己和更正自己，择其善者而从之，其不善者而改之，华为对标竞争对手对自身不足进行弥补，对自身的优点进行进一步的挖掘，还利用SMART分析模型对企业所面临的机遇与挑战进行进一步的明确。企业在对战略进行洞察以及规划阶段，会在其中寻找到众多的机会点，这算是一种加法。而在对自身进行洞察的时刻，则要对自身有一个明确的定位和判断，要准确分析自身的能力，将企业自身能力之外的舍去，这就算是一种减法，最终所得到的便是最符合企业自身发展的战略机会点。

5. 看机会：寻找战略机会点

企业在机会点的寻找上有三个注意点：一是市场空间；二是增长速度；最后一个是利润。华为通常是不会选择市场空间大而增长速度缓慢的行业，通常增长速度迅猛代表着变化快，而华为对变化快的市场显得情有独钟。

企业要在观察客户的同时寻求投资机会，对市场的空间进行探索。华为曾经在手机战略规划方面研究了四年，仍然没有一个确切的决定，之所以慢是因为还没有达到高市场占有率和高市场增长率的明星业务状态，如果华为将来发展到低市场增长率和高市场占有率的金牛业务状态，那将来就要在其他增长性业务方面进行拓展和延伸了。

战略机会点：要有一片市场

华为一直努力寻找足够大的战略机会点，在服务客户的同时，导向商业成功，实现可持续发展。而对整个华为来说，真正庞大的战略机会点不是别的，而是海量的市场。对华为来说，市场足够大、足够多，战略机会点自然也会增加。例如，无线市场、固网市场、云计算市场等都是足够大的市场，这些市场动辄几千亿美金，甚至有些可以达到上万亿美金。

“蛋糕”如果足够大，即使企业分得很小的份额，也依然能够“吃得饱”。华为深知这个道理，因此开拓一个足够大的市场就是其战略机会点之一。面对一个足够大的市场，华为才能发挥出更大的战略规划价值。

华为把握战略机会点的核心要素之一是一定要有一片市场。的确，对于任何一个企业来说，没有市场，便没有其发挥价值的余地；没有市场，无论多么好的产品和服务都无法销售出去。

近年来，华为不仅注重开发国内市场，也热衷于开发国外市场。随着产业逐渐走向国际化，华为在开拓欧洲市场方面取得了较大成绩。众所周知，欧洲是发达国家的聚集地，其地区经济水平较高，市场额度较大，正符合华为所追求的“足够大的市场”的条件。

电信业是华为致力发展的战略技术行业，该行业市场的门槛较高，没有足够实力的企业一般很难进入。然而，华为却能在欧洲电信市场上开拓出一片天地。在短短几年内，华为在欧洲市场不仅成功跻身于一流电信商之列，还在专利数量上领跑行业对手。与此同时，华为还积极与欧洲当地电信运营商进行创新性合作，其在欧洲的表现和作用令欧洲的竞争对手刮目相看。一时之间，其市场战略实践也被奉为欧洲市场中的实践典范。

那么，华为是通过什么秘诀击败欧洲本地的强劲对手，而让西方客户最终选择华为的产品和服务呢？实际上，华为成功的真正秘诀在于其创新的市场战略。华为深知要想在欧洲电信行业内立足，一定要在欧洲开辟一片市场。为了把握这一战略机会点，华为采取了以下市场战略。

1. 向客户提供符合他们需求的、具有资源限制的定制技术

简单来说，就是华为向欧洲客户提供的不仅是符合客户需求的技术，还是能满足他们的特殊喜好、为他们量身定制的技术。更为难得的是，这种定制技术资源稀少，供不应求，是市场所欢迎的。

华为在攻占欧洲市场的过程中，它的第一个突破口是赢得了与移动电信服务商泰尔弗公司合作的机会。泰尔弗公司的总部设在阿姆斯特丹，是当地实力较强的移动电信服务商之一。作为华为在欧洲赢得的首位重要合作伙伴，泰尔弗公司虽然不像沃达丰和法国电信那样，具备强大的财务实力，但泰尔弗拥有足够的商业野心，它希望能与阿尔卡特—朗讯、爱立信等欧洲知名的电信供应商取得同等的行业地位。由于这个原因，泰尔弗愿意将筹码压在华为的产品和服务上。而华为在与泰尔弗的合作中表现出了中国企业特有的谦和态度，其一方面耐心听取对方的要求，另一方面也极力为尚未满足的需求寻找解决方案。

此后，华为与泰尔弗展开了密切的合作，在合作期间，华为创新性地开发出了一种新的分布式基站，这种基站比传统基站的成本更低，而且运行耗能更少。除了在产品上实现创新外，华为还在服务上打破了业界常规。按照欧洲业界的常规，企业只会在周一到周五的正常工作时间为顾客提供服务，而华为却打破了这一常规，承诺在周末休息日也会为顾客提供 24 小时的服务。

2. 加强合作与创新，打造客户忠诚度

一直以来，华为都坚持“以客户为中心”的价值创造，但是随着华为的发展，仅凭这一战略无法使华为走得更远。由于欧洲客户对华为及其产品不

够了解，在华为进入欧洲市场之初，一些欧洲客户难免对华为这一国外企业存有偏见，认为其产品远不及其竞争对手的产品。华为曾花费大量精力和时间去消除欧洲客户这种看法。最开始的做法是扭转自身的“廉价”形象。华为曾被欧洲人称为“最廉价的供应商”，为了扭转这一形象，华为主要做了两点工作：第一是向欧洲客户提供具有竞争力的产品和服务，并提高相应的价格；第二是大力提升技术人员快速设计和实施智能方案的能力。

华为在欧洲的发展中成功与实力雄厚的沃达丰公司签约。作为全球最大的移动电信商之一，沃达丰公司正准备攻占西班牙电信市场。华为能与其进行合作的原因主要有两点：一是华为的报价低廉；二是华为的执行力和执行速度高出同类企业一筹。

长久以来，华为致力于在全球建立“联合创新中心”。目前，在全球范围内，华为总共已经建立了34个联合创新中心。华为建立这些联合创新中心的目的在于消除部分长期不确定因素，为维护和管理客户关系、客户与供应商关系以及供应商与供应商关系提供稳定的合作环境。在处理项目方面，华为联合创新中心不会贪多，只会一次聚焦在一个项目或一个问题上。华为会主动派出代表与各大电信运营商的代表共同探讨问题和研究问题的解决方案。

爱立信公司对华为建立联合创新中心的做法给予了高度评价，它的一位高管对华为评价道：“联合创新中心的建立让我们不得不对华为刮目相看，我们看到了一个行业追随者一跃成为领导者的华丽变身。”

3. 全方位争取利益相关方的支持

华为创新策略的成功还在于其全方位争取利益相关方的支持。华为在开拓欧洲市场的过程中，曾极力争取当地政府、有实力的企业、大学、科研机构等多方利益相关者的支持。在进入一个陌生市场之前，很多跨国公司都会提前做好以下工作：为当地援建生产设施；聘用当地员工，特别是一些人脉发达的当地代表；在当地做好政府公关等。华为除了做好这些工作外，还付出了比其他跨国公司更多的努力。例如，为了争取欧洲各国的信任，成为它们眼中值得合作的商业伙伴，华为在2008年全球经济危机期间，仍然坚持向欧洲的研发事业进行较高水平的投资，并且还大力支持当地主要的创新项目。

团队的一切活动都应导向商业成功

任正非在《遍地英雄下夕烟，六亿神州尽舜尧》一文中写道：“在未来变革过程中，要强调目的才是最重要的，目的就是要多产‘粮食’、产生战略贡献和增加‘土地肥力’，凡是不能为这两个目的服务的，都要逐步简化。”

企业是一个典型的“成王败寇”的地方，企业管理也就必须以成败论英雄。直白地说，企业必须坚持成果导向，必须用成果说话，管理者必须对自己的结果负责。企业经营也好，干工作也好，最怕的就是整天兢兢业业、勤勤恳恳，两眼一睁忙到天黑，但却没有成果。

华为公司的最终目标只有一个：商业成功。

如何实现商业成功？多打“粮食”，多产生利润。只有多创造利润，才能让员工获益，组织成员才有奋斗激情。

华为一切管理变革都是为了提升一线作战能力，为了多打“粮食”。不能多产“粮食”的变革没有意义，不能多产“粮食”的流程是多余的流程，不能多产“粮食”的部门是多余的部门，不能多产“粮食”的人是多余的人。华为是围绕这个原则来简化管理的。

这是典型的责任成果导向。不能带来成果和业绩的企业活动是没有任何意义的。

生产人员的执行成果是什么？是为客户提供所需要的产品，具体来说就是产品质量合格、数量准确、按期交货等。否则，不论你平时工作多么努力，加了多少班，加工了多少原材料，只要未生产出让客户满意的产品，那么你的执行就没有取得应有的成果。

销售人员的执行成果是什么？是将产品销售出去，将货款收回来，为企业带来收入，创造利润。否则，无论你拜访了多少客户，打了多少电话，出差了多少个日日夜夜，只要没有销售出去产品，没有收回货款，没有将产品变现，那你的执行就没有成果。

客户服务人员的执行成果是什么？是及时处理好客户的质疑与投诉，为客户提供满意的服务，为组织构建一种良好的客户关系。否则，就算你每时每刻都给客户打电话，天天去拜访客户，但没有解决客户的问题，导致客户服务流于形式，那你的工作也是无效的。

管理人员的执行成果是什么？不断提升工作业绩，带领员工高效工作并创造最大价值。如果仅仅是按照上级的指示，把工作任务传达给下属，而下属依然不知如何操作，那就是失职。

……

但在实际工作中，不少员工都很盲目，并不知道自己的工作成果是什么，我们看到：

销售人员将打电话和拜访客户当作成果，而不管是否成功转化成了销售业绩；

质检人员将检查完毕当作成果，而不管是否检出来了问题；

保安人员将巡视完毕当作成果，而不管是否发现了安全漏洞；

研发人员将图纸当作成果，而不管图纸是否能够转化为可供大规模生产的产品；

财务人员将报表当作成果，而不管报表是否能反映企业组织的运营状况；

经理将安排任务当作成果，而不管下属执行得如何；

……

如此的工作态度，很难多打“粮食”。

企业要想多打“粮食”，就必须在团队内倡导成果文化，对任何事情都以成果来衡量。没有创造好成果的员工就没有价值，没有创造利润的企业就没有存在的必要，卓越的企业是依靠为国家和社会创造巨大价值而不断发展的。任何企业的发展，只与其创造的成果及价值有关。任何工种的工作都是为了达成一定的成果，简单来说：

销售是任务，收回货款、创造利润就是成果；

采购是任务，满足生产是成果；

培训是任务，员工能力获得提升是成果；

施工是任务，质量过硬、客户满意是成果；

生产是任务，产品合格是成果；

品质管理是任务，质量合格是成果；

安全生产是任务，不出事故是成果；

设备维修是任务，保障运转是成果；

成本核算是任务，控制成本是成果；

……

此外，成果导向有以下几层含义：

以达成目标为原则，不为困难所阻挠；

以获得成果为标准，没有理由和借口；

在目标面前没有体谅和同情可言，所有的结果只有一个：是，或者非；

在具体的目标和成果面前，没有感情可言，只有成功，或者失败；

在工作和目标面前，再大的困难也要去战胜；

谁的任务没有完成，谁就要被惩罚；

管理不讲情，对部下的体谅最后不过是迁就而已；

在客观的困难面前，你可以有一千个理由、一万个原因、十万个无能为力、百万个尽心尽力，可是在执行层面来讲，却只有一个简单的结果，完成了或者没完成；

在成果导向面前，我们常常不得不无条件保证完成任务，我们不能轻易放弃，因为放弃就意味着等于零。

以成果为导向的团队考核机制

从 2001 年开始，华为一直坚持“以成果导向”考核员工，包括长期、中期和短期的成果。以贡献和创造的工作成果来考核员工，不看苦劳看功劳。

2002 年，任正非在人力资源大会精神传达会议上进一步指出，“评价一个人，提拔一个人，不能仅仅看素质这个软标准，还要客观地看绩效和结果”。

华为公司的价值取向是直接责任成果导向，而不是素质导向，员工的任何素质都要在贡献中发挥作用，才能被认知，在责任成果面前，人人平等。

衡量员工贡献和工作结果建立在有效的绩效考核之上，为了更有效地管理员工的绩效，更好地实施以奋斗者为本，通过绩效管理让奋斗者得到合理的回报，从而激发团队的积极性，华为主张用绩效管理的方式，而不仅仅是绩效考核的方式。那么，二者有何区别呢？

绩效管理，是指企业各级管理者和员工为了达成组织目标，而共同参与的绩效目标制定、绩效辅导沟通、绩效考核评价、绩效成果应用、绩效目标提升的一个循环过程，进行绩效管理的目的是持续提升组织、团队和个人的绩效。

值得注意的是，绩效考核是绩效管理的一个构成环节，绩效考核实际上反映的是过去的绩效，而绩效管理更强调通过管理的手段来提升未来绩效。也就是说，绩效考核是进行绩效管理的一项工具，绩效管理离不开绩效考核。绩效管理要实现行之有效，务必要将绩效考核纳入整个绩效管理体系和制度中去，才能对绩效进行有效的监控与管理，进而实现绩效管理的目的。

华为绩效管理包含以下四个流程。

第一，绩效计划制定。

绩效计划要层层制定。每年初，华为会向各事业部下达具体的绩效目标，事业部再将绩效目标一步步分解到各片区、部门、科室、办公室，最后经过员工沟通后，再将绩效目标分解到员工个人。

各级绩效目标要符合以下要求：

（1）目标须符合 SMART 原则（具体、可量化、有适度的挑战性、有时限）；

（2）员工个人目标需紧密围绕组织目标，同组织目标保持一致；

（3）员工个人目标的挑战性应同其职务级别、薪酬级别成正比；

（4）实行 KSF（关键成功因子）薪酬管理机制，调动员工工作积极性。

第二，绩效辅导与实施。

在绩效辅导和实施过程中，相应的部门主官应该尽力帮助员工达成目标，华为很重视绩效计划制定后的辅导工作，部门主管应该帮助员工达到绩效目标。为此，华为要求：

（1）主管要加强对下属的指导，每年要进行至少 6 次以上的正式面谈；

（2）根据绩效目标和面谈情况，要及时跟进、抽检员工的绩效完成情况，未达到执行目标的要进行处罚；

（3）各级主官要同下属保持每月沟通，了解员工的工作进展、需要的支持和帮助以及员工个人职业发展意向，对那些绩效表现不佳的员工给予及时反馈和指导，以避免影响团队、组织整体绩效目标。

第三，绩效评估。

（1）评估内容。绩效评估的指标应尽量细化，比如，针对人力资源部门的绩效评估，就用员工招聘完成率及员工的离职率这样的量化目标代替了人力资源整体工作表现这样的定性指标。

（2）评估方式。不仅关注员工个人绩效，还关注团队绩效，对于那些业绩不好的团队，原则上不能提拔干部，也就是说，如果团队整体业绩不佳，即使团队内部有个体员工表现良好，也不会被提拔。

（3）考评对象。对于普通员工付出的劳动，华为强调要给付高于行业平均的报酬；而对中高层管理者或者公司干部，则要进行全方位的考核。

第四，成果反馈与应用。

绩效成果有两种：

（1）半年度绩效。半年度绩效评定结果不与工资挂钩，主要作为人员培训、任命、调薪、评优和岗位匹配等参考评价依据。

（2）年度绩效。人员年度绩效评定主要根据四个季度绩效，来划定绩效分数（A 级 6 分，B + 级 5 分、B 级 4 分、C 级 3 分、D 级 1 分）。年度绩效直接与年终奖挂钩，年终奖具体标准由各一级部门根据奖金包的大小及各等级比例人数情况进行分配，集团总部不做限制。一般情况下，员工年终奖金额为其 2 ~6 个月的工资，绩效等级为 D 级的人员则无年终奖。

绩效管理是一项系统工程，涉及企业的方方面面。

首先，企业高层的支持与鼓励，是实施绩效管理最为重要的一个方面。高层领导不仅要重视绩效管理的作用，而且要意识到绩效管理绝非一个简单的人力资源问题，而是一个综合的系统管理问题。只有高层领导者有这方面的觉悟并在全体员工中明确绩效管理的主旨后，绩效管理的作用才能逐渐突显。

其次，有了高层的授意和参与，人力资源部在绩效管理实施中主要扮演流程制定、工作台账管理、咨询顾问与传达培训的角色。

最后，绩效管理的推行，则要企业各个部门、各个层面的全力配合与参与。

在公司总体绩效管理思路的指导下，公司各部门、员工都应制定自己的绩效目标。在绩效考核和绩效管理过程中，各部门、员工可以及时发现本部门出现的问题，在问题尚未造成损失的情况下就及时找出原因予以解决，从而保证完成本部门及相应个人的绩效目标。当每个员工、部门都完成了自己的绩效目标时，企业的总体绩效自然就会很好，在同等市场环境下的竞争中，企业也将会始终立于不败之地。

绩效管理体系是企业管理的中心环节，是推动企业组织成长的引擎，没有建立绩效管理体系或者缺乏完善的绩效管理体系，就无法激发起企业员工的工作热情和创造力，企业也就失去成长机会，难以实现基业长青。

业务为主导，会计为监督

任正非在《华为的冬天》一文中强调，要坚持“业务为主导，会计为监督”的团队经营方式的建设。

“什么叫业务为主导？就是要敢于创造和引导需求，取得‘机会窗’的利润。也要善于抓住机会，缩小差距，使公司同步于世界而得以生存。什么叫会计为监督？就是为保障业务实现提供规范化的财经服务，规范化就可以快捷、准确和有序，使账务维护成本低。规范化是一把筛子，在服务的过程中也完成了监督。要把服务与监控融进全流程。我们也要推行逆向审计，追溯责任，从中发现优秀的干部，铲除沉淀层。”

“业务为主导，会计为监督”对于团队的成功是有非常深刻的指导意义的。没有业务，团队就没有办法生存下去；缺少会计的监督，那么不管业务有多好，盈利有多少，也只能是暂时的。想要保证团队的经营水平，那就必须要坚持业务为主导，会计为监督。那么，具体要怎样做呢？

业务为主导，也就是要以利润为主，以获利为终极目标。那么，就需要抓住一切机会去创造、去引导客户的需求。我们有了竞争对手，不能甘于人下，要先学习，逐渐做到和竞争对手相同的水平，然后再通过创新进行超越。

会计为监督，就是要保证业务做主导的时候，不会出现经济混乱，要将财务流程化、标准化，不出任何纰漏。规范化，能够让团队的运营变得更有秩序、效率更高，也能够降低财务管理的成本。

想要以业务为主导，会计为监督，并不困难。但是，有几个点却是很多团队没有注意到的，如果做不好就很难让经营水平达到意想中的高度。

首先，要让业务做主导，业务水平就是最重要的，特别是要有创新。如果业务方面不能创新，缺少水平，那么团队为了生存下去，只能将全部的精力都放在业务上。说什么会计为监督，是很难实现的。特别是关于需求的创造，不仅是产品能够带动客户的需求，其他的东西也可以。例如宣传，例如一线人员的技巧，都能够让业务更上一层楼。

其次，会计为监督，最重要的是规范化。很多小团队都有这样的问题，认为会计方面只要别算错账就行了，流程是可有可无的。这种想法大错特错，失去了规范化，那么会计的作用是很难发挥出来的，更别提监督作用了。别看规范化的会计流程有些冗长，有些不近人情，但是从管理角度来说，为团队带来的便利可不是一点半点。图一时的方便，不按流程做事，在财务出现问题的时候，可能就要花费十倍的时间与精力来寻找到底哪里出了问题。

最后，不管是业务还是会计，都能起到一个审计、审核的作用。我们常说团队成员应该守望相助，应该有团队精神，但没有团队是养闲人的。不管你处在哪个岗位，都要用数字来说话。你的业务水平如何，通过会计的整理计算以后，会变得非常直观。团队当中的哪个人水平不够，团队当中的哪个部门拖了后腿，都会一目了然。对于需要改进的部门，能起到立竿见影的指导作用。

另外，需要注意的是，业务水平对于团队是非常重要的，但是会计的监督同样重要。流程化、规范化，才能保证团队的正规性。有些团队过于忽视团队会计方面的问题，就连会计和出纳都是同一个业务小组负责，这样不规范的团队是很难成功的，仅仅是财务方面的混乱，就能大大降低团队的工作效率。

第七章

高维团队建设团队沟通篇：开放、妥协、灰度

高维团队崇尚放下成见，在团队内外进行开放式合作，实现团队效能最大化。妥协，能够保证在团队内外不多浪费时间和精力。而灰度，是开放与妥协的基础，是开放与妥办的指导思想。保持适当的灰色空间，才能保证游刃有余，才能保证团队总是能在第一时间做出正确的判断，获取最大化的利益。

开放与包容让沟通无障碍

团队领导者如果具备开放的姿态，能让团队成员更好地打开心扉，进行无障碍沟通。

开放式的管理者，不仅会重视自我披露，而且还善于运用反馈，这样就有助于在团队中营造出宽容互信的开放气氛。他们善于体察员工需要，并鼓励员工积极参与部门事务。因此这种沟通风格不仅创造了健康、融合的人际氛围，而且能够提高团队的工作绩效。

在华为公司的众多价值观念中，较为重要的一点就是开放与进取。对于一些渴望成功的管理者来说，开放的姿态尤为重要。想要保持进取、保持发展，就必须敞开心扉，以开放的姿态去面对员工，并以开放的态度向别人学习，这样，才能看到更高的目标和发现自己的不足，否则就可能陷入自以为是与自闭的僵局。那团队领导者应以怎样的开放姿态去打造团队呢？需要注意以下四个方面。

第一，在团队内部，对于岗位间、员工间的职责界定，应该以一种开放的方式去进行，不应进行太绝对的界定，也就是要实现“职责无边界”，只要员工有能力，可以让他们去尝试任何角色。

第二，要让团队保持开放的心态，在提高团队凝聚力和战斗力的同时，不要自我封闭、拉圈子、搞团伙，而应以谦虚、主动的态度接纳来自外部的意见和建议。

第三，勇于自我披露。自我披露不是为了宣泄，也不是为了作秀，而是寻求建立牢固的人际关系。研究表明，人们通常会对和自己相似的人进行自我披露，也更倾向于喜欢勇于自我披露的人。而且，随着你对一个人的接纳性和信任感越来越强，你也就会越来越多地暴露自我，良好的人际关系于是便会在这种相互披露的过程中发展起来。所以，自我披露是发展团队人际关系的一个重要条件。

团队要创建一种开放式的工作气氛，要求管理者应首先进行自我披露，打开沟通的大门，员工也会随后进行自我披露，这样，整个团队的人际开放度才会愈来愈大，凝聚力、融合力也自然越来越强。

第四，实施开放式办公。

开放式办公是时下流行的一种管理理念，在管理学上它有另一个代名词叫“走动式管理”。它倡导领导和下属要在同一个办公区工作，不仅仅是出于节约成本的考虑，这样更可以增强领导和下属之间的理解和沟通，以达到团结一致、提高工作效率的目的。

实施开放式办公，不要单纯去理解它的字面意思，领导和下属也不一定非要在同一个办公区工作，心理学家的研究显示那样反而会让下属感到压力而不自在，会降低他们的工作效率。

我们所倡导的开放式办公更多的是一种管理思维，即管理者要加强与下属的交流沟通，要经常关心下属，了解他们心中所想的，真正融入下属中去；鼓励下属之间互相交流合作，充分发挥各自的才能；创造一种和谐的工作环境，让下属敢于说出心中的真实想法，而不必有什么后顾之忧。

这种管理理念，对于加强领导和下属之间、下属和下属之间的理解和信任，促进组织团结，具有十分重要的意义。

团队上下级之间、团队成员之间亲密合作的基础是互相接纳、互相包容，但现实中的很多工作团队，却不具备这种包容性。

来看一名团队领导者的抱怨：

> 我带的团队有十几个人，其中有四五个是进公司比较早的，资历都比较老，也有刚入职不久的新员工。
>
> A是出纳，工作中总是阳奉阴违，领导已经签字核准支付的款项，她也拖着不付，只等供应商打点之后才肯付，不送礼的就一直

压着。她的后台是一名公司副总，他们关系非常好。

B是个二十五六岁的少妇，刚结婚不久。性格死板，做事懒散，责任心不强。她是最早进公司的，在我进公司之前，她曾是部门代经理。我来以后，总跟我过不去，以为是我抢了她的位子。

C是采购专员，人还可以，但办起事来总是一根筋，不够灵活，有时候能被她给活活气死。

D是航务专员，因为航务比较专业，我也没有经验，所以她几乎什么事都是自己做主，从来都不跟我汇报。

E是最近招聘过来的新员工，有学历、没资历，尽管服从管理，但是对工作悟性差，上手很慢。

……

有这样一批员工，让我觉得自己不能充分施展自己的才能，感觉不能带好团队，但我又不甘心，更不愿意在没摆平这些下属前另找工作。我希望我能战胜这个职位给我带来的苦恼，但又找不到解决之道。

此案例中给这名团队领导者带来苦恼的究竟是什么呢？从上述描述中，能够看出在他眼里所有的下属都是不称职的。他的这种态度或许才是问题的根源所在。不可否认，那些员工看似都有自己的缺点和不足，但问题更多还是出自这位管理者自身，是因为他不懂得去发现员工的优点，缺乏包容心。

古语说："士为知己者死，女为悦己者容。"要想让下属成为自己的"知己"，前提一定是先学会欣赏别人、包容别人。

领导者，包容别人的能力显得尤其重要。在管理大师德鲁克看来，最不能做管理者的人是"只注意别人的弱点而不是长处的人"。其中的道理其实并不难理解，如果团队管理者眼中揉不得沙子，满眼望去，尽是下属的缺点与不足，那么不仅作为其下属的员工会感觉很痛苦，他们本人也难以寻觅到自己事业上的左膀右臂，不会有真正的帮手替自己分担。

团队领导者需要有辩证的思维，需要具备相当的包容力和欣赏力，容忍多样性。有时候我甚至主张一些团队领导者要用恋人的眼光去看待下属，不要只盯着其缺点不放，因为一个人的缺点往往隐藏着他的优点：

与其讨厌一个人的急性子，不如欣赏他的行动力；

与其讨厌一个人的强势，不如欣赏他的决断力；

与其讨厌一个人说话绕弯，不如欣赏他的思维缜密；

与其讨厌一个人行动缓慢，不如欣赏他的仔细和耐心；

……

换一个角度去看人，你会发现员工都是可用之人。

团队领导者在具备充分包容心的同时，也要让包容氛围在所有团队成员之间发酵，他们才能够容忍多样性和不同意见，从而消除团队合作障碍，提升工作效能。

如何掌握好灰度

开放、妥协的关键是掌握好灰度。任正非在《CFO 要走向流程化和职业化，支撑公司及时、准确、优质、低成本交付》一文中指出："我送大家几句话：第一，要耐得寂寞；第二，要受得委屈；第三，要懂得灰色。华为公司的干部要淡泊名利，踏踏实实做事，用平和的心态去面对未来。"

灰色，是介于黑和白之间的颜色。

灰色，除了它的颜色属性之外，更多的让人想到的是那些躲躲闪闪、见不得人的东西，如"灰色交易"。在《血酬定律》中，作家吴思还用"灰"字发明了一个新词——灰牢，也就是非正式监狱的意思，比如古代的"班房"，现代的"小黑屋"之类的。它们本身是不符合法律法规的，但又是确实存在的，说黑不黑，说白不白，"灰牢"对它们而言可谓是一个恰如其分的称谓。

所谓灰度，即中庸之道，凡事不走极端，要懂得适度和弹性。任正非的灰度管理理论，主要分为六个要点：

第一，以灰度看人性。世界上可能有纯粹的坏人和纯粹的好人，但数量是相当稀少的。在我们人生当中，绝大多数时间遇到的都是普通人。这些人不能用简单的黑白来评判，但却可以用灰度来形容。

我们的团队当中，没有谁一定是好人，也没有谁一定是坏人。所以，我们对于合作要以开放为前提。不要觉得哪个同事是坏人，就拒绝和对方合作。也不要认为哪个同事是好人，就忽略了其他问题，一直跟他合作。人力是一种重要而宝贵的资源，我们要用灰度来评价一个人。所以，我们在看同事、上级、下属的时候，更在意的应该是他们的能力。不要因为个人感情而影响工作，继而影响整个团队。

第二，用灰度决定前进的步伐。我们在前进的时候，总是会受到个人想法的左右，而不是真正以客观事实来决定我们到底应该干什么。被情感左右的时候，就难以走到路中间来了。要么所选择的路线就是非常保守的，要么选择的路线就是非常激进的。其实未来究竟是什么样的呢？我们谁都不能确定。

所以，我们在选择未来策略的时候，应该不偏不倚地走在大路中间，应该有妥协和宽容，应该为不确定的未来留下一点空间。不管未来发生什么，只要我们用灰度来决定前进的步伐，提前留出一些空间，那么就总有一定的余地来调整我们的策略，来迎合我们已知的前方道路。

第三，用灰度来决定企业内部各种事务的关系。管理企业，最稳定的方式就是平衡。奖励与惩戒，需要有一个平衡；短期利益和长期利益，需要有一个平衡；抓经营和抓管理，要有一个平衡；总部插手管理和给小团队权力，需要一个平衡。

这些企业内部事务，不管靠向哪一端，都会让企业蒙受损失，从而失去稳定性。必须要保持在中间，保持在灰色地带里，才能保证企业的稳定前进。

第四，身为领导，应该用灰度的眼光看待一切。做领导，做团队的掌舵人，就要用理性的态度来看待团队内部发生的事情。太过于极端，必然会对某些与自己想法相悖的东西看不顺眼。如果你因为什么是你看不上的，就做了决定，那么直到麻烦出现了，你才知道自己的行为到底对团队会造成什么损害。

用灰度的眼光来看待团队、看待下属、看待团队的未来，这样才能不偏不倚地用理性做出选择，才能有包容自己不喜欢事物的胸襟，才能妥善地安排每一个下属，做到人尽其才。

第五，解决问题，离不开灰度。如果团队遇到了问题怎么办？第一时间去解决？在一切条件都没有完备的情况下，出现意外了怎么办？等到把所有事情都弄清楚再去解决问题？恐怕到时候什么都晚了。要从中找一段灰色地带，找一段灰度，才能更好地解决问题。

团队遇到问题的时候，应该在第一时间就行动起来。去寻找解决方法，去追根溯源。但是，在着手解决问题的时候，却又不能操之过急，要有耐心。马上去做，和耐心等待，并不冲突，在这中间，就是一段灰度。我们在态度上要雷厉风行，但是从做法上，又要和风细雨。抱着这样的态度，就能迅速、稳健地解决问题。

第六，用灰度来看外部环境。商业竞争主要来自行业内部的竞争，这种竞争是不可避免的，也是必不可少的。缺少了竞争，企业就缺少了动力，无法前进。而太过激烈的竞争，又会导致竞争的双方都陷入亏损的状态，杀敌一千，自损八百。

用灰度来看外部环境，世界上没有永远的对手，只有永远的利益。只要抓住了利益这个点，利用灰度来看竞争，利用灰度来衡量我们与对手之间的关系，你就会发现，对手未必永远是对手。当我们的竞争对手有了更好的技术，我们也可以向其购买，与其合作。而当我们有了更好的技术，同样可以给对手一定的支持，盘活行业市场。

我们的竞争对手，如果用灰度的角度去评价，就都不是纯粹的竞争对手。不仅有竞争关系，还会有合作关系。甚至有些时候，彼此都是对方利益链上的一环，无法分割。

灰度是黑白融合的世界，妥协与开放离不开灰度，但灰度却不是一味地妥协和开放。即便是妥协与开放，也要用灰度来衡量，也要有一个限度，这才是灰度管理的精髓所在。

任正非还提出了一个灰度领导力的问题，他说："一个领导人重要的素质是方向、节奏。他的水平就是合适的灰度。坚定不移的正确方向来自灰度、妥协与宽容。一个清晰的方向，是在混沌中产生的，是从灰色中脱颖而出的，方向是随时间与空间而变的，它常常又会变得不清晰。并不是非白即黑、非此即彼。合理地掌握合适的灰度，是使各种影响发展的要素，在一段时间和谐，这种和谐的过程叫妥协，这种和谐的结果叫灰度。"

在任正非看来，灰度领导力的要旨在于：

第一，宽容是领导者的成功之道；

第二，没有妥协就没有灰度；

第三，坚决反对完美主义；

第四，因地制宜，实事求是。

这里所说的灰度，已经不再有见不得人的意思，灰度领导力，称得上是一种更识时务、更具现实生存土壤，也更成熟的领导力。

高维团队的群策群力

在传统概念里，团队的“决策”和“执行”是由不同的角色担当的，团队领导只负责做决策，大部分情况下，团队普通员工在决策出台之前是毫不知情的，他们的任务只是执行决策，在这种传统决策框架里，“决策”与“执行”之间必然会错位，会导致很多问题。

且在管理实践中，有很多团队的重大决策通常都由几个甚至一个高管把持，这种决策方式的风险是相当大的。因为，决策者个人所掌握的信息往往是有限的，会存在很多思维或认识上的盲区，这种盲区有时会给决策留下致命的隐患。

而对于去中心化的现代团队和自组织团队而言，更应避免决策上的一言堂，需要引入团队群策群力，如任正非所言，“应该让听得见炮声的人来决策”。

团队群体决策尽管效果明显，但也并不是所有情况都适用群策群力。这里，我先来谈一下团队群策群力的适用性问题。

相对于群体决策，个人决策也有很大的优势，它的特点是决策迅速、责任明确，而且能够发挥领导者个人的主观能动性。但同时它也有很大缺陷，即个人决策受领导个人自身的性格、学识、能力、经验等制约，容易出现决策失误。

团队决策的优点是可能会得到更完整的信息，产生更多的备选方案，屏蔽掉更多的决策漏洞和风险，增加某个解决方案的合理性。

团队决策也存在缺点：不容易达成一致，决策效率较低，没有具体人对决策风险负责等。

团队管理者每天工作中，可能都会面临这个选择，到底是请直接上级个人做决策，还是提请会议做决策？

如果你想提高决策速度，个人决策是首选。

如果你想提高方案的完善性和创新性，团队决策是个好方式。

如果你想让这个方案在决策之后能够得到更多人的支持和协作，那一定要选择团队决策。

当然，在进行团队决策时，还需要判断与这个方案最为密切的内部利益关联者是谁？对这个方案有足够影响力的人是谁？对这个方案最有专业发言权的是谁？

比如，某公司采购部门要进行年度供应商筛选的决策工作，方案提交到公司总经理办公会议上做决策。采购经理深知，过去一年中最了解供应商提供产品情况的是公司的质检部门、生产制造部门、仓储部门和产品售后部门，因此，该决策会议除了请公司领导参加之外，还特别邀请了上述几个部门的负责人，他们到会之后，会根据自己的经验总结，对公司供应商的选择给出合理化建议。

总而言之，团队做决策不同于个人做决策，因为要涉及团队的每一个成员，虽然俗话说人多力量大，但关键还要看是不是力往一块使。为了避免人多嘴杂，影响最终拍板的效率，团队在决策时应当考虑以下因素：

第一，设定好合适的最终拍板人。

团体决策看似简单，其实不然，它是由几个不同背景的人去讨论一件事，很多情况下都是大多数人具有决策权力却没有决策的相关背景知识。比如，当讨论技术问题时，市场、人力和财务主管也有同样话语权的话，那结果将会不容乐观。因此，在每次决策讨论之前，一定要先设定一个最终的拍板人，也就是决策权归谁的问题，原则上应该让团队领导，或知识背景与决策事项最接近的人做决策拍板人。

第二，团队成员之间绝不相互埋怨。

团队做决策时，可能会不可避免地出现一些错误的决策。当出现决策失误时，团队成员之间切记不要做“事后诸葛亮”，更不可去埋怨挖苦责任人，因为这样做只会摧毁决策者的信心和信任，让结果更糟。这时候应该做的是以理解的心态正视错误并且尽一切可能来挽回失误。

第三，团队成员之间能力均衡。

团队成员之间的能力最好保持均衡。有擅长进行定性分析的，有擅长进行定量分析的；有擅长做整体分析的，有擅长做局部分析的；有擅长提出问题的，有擅长提出解决之道的；有擅长分析优点长处的，有擅长查缺补漏的；有擅长搞生产的，有擅长搞研发的，有擅长搞销售的，有擅长人力的；有擅长分析企业问题的，有擅长分析行业问题的；有擅长批评艺术的，有擅长表扬艺术的；有擅长降低成本的，有擅长提高绩效的。

第四，团队成员之间性格互补。

人的性格之间通常有三种关系：一是冲突关系，比如一个人说东另一个人偏说西，一个人说正另一个人偏说反；二是类同关系，不论一个人说什么，对方都绝对支持；三是互补关系，即一个人提出某个观点，另外一个人会从另外的角度进行补充，并提出自己的建议。

第一种关系，很难达成一致意见。第二种关系，容易产生共振，但可能会导致错上加错。第三种关系，则可以取长补短、统筹兼顾。团队成员之间的性格最好是互补型的，这样做出的决策尽管可能会丧失大的机会，但决不会犯致命的错误。

用规则的确定来应对结果的不确定

华为在内部会议中，多次强调要用规则的确定来应对结果的不确定——

“未来形势扑朔迷离。我们要用规则的确定来对付结果的不确定，这样不管形势发生什么变化，我们都不会手忙脚乱，沉不住气，没有主意。”（来源：《市场经济是最好的竞争方式，经济全球化是不可阻挡的潮流》，2009）

“实际上我们要做一件事情，我们要以规则的确定来对付结果的不确定。”（来源：《任正非与 IFS 项目组及财经体系员工座谈纪要》，2009）

“华为公司未来的胜利保障，主要是三点要素……第二，要有严格有序的制度和规则，这个制度与规则是进取的。什么叫规则？就是确定性，以确定性应对不确定性，用规则约束发展的边界。”（来源：《遍地英雄下夕烟，六亿神州尽舜尧》，2014）

“最后形成有效规则，每个部门都要遵守。什么是规则？具有确定性，不能随意更改。”（来源：《依托欧美先进软件包构建高质量的 IT 系统》，2015）

我们无法把握未来的走向，环境的变化、技术的进步、政策的力度，甚至是一些天灾人祸，都能影响到团队的未来。既然前路无法看清，那就只能寻找规则的确定，以便用来应对结果的不确定。只要保证规则的确定，就能提升团队应对危机的能力、抓住机遇的能力。

桥水公司创始人雷·达里奥在《原则》一书中谈了很多原则，桥水公司运营也如同书名一般，靠的是原则，靠的是系统，原则和系统背后的核心是制度支撑。

没有规矩，不成方圆。大到国家、国际组织，小到各种企业团队，无不需要制度的约束。

人管人累死人，这个道理管理者都懂得。那怎样才能让自己成为一个高效从容的团队领导者呢？制度管理是唯一的出路和办法。

在公众面前，万科集团创始人王石好像整天“不务正业”，置企业于不顾，经常在外登山、赛艇，游山玩水，生活过得好不自在，看上去似乎不是一个称职的老板。

事实真的是如此吗？对此，王石曾表示：“我给外界的错觉是因为个人能量非常大而成就了万科的今天，其实不是这样。我曾给万科带来了什么？首先，选择了一个行业；其次，建立了一个制度，就是现代企业制度；第三，培养了一个团队，这是我的作用。”

看来，不是王石“懒惰”，而是有一套完善的制度、一个高效的团队系统、一支执行团队在帮他打理整个企业，从这一点衡量，王石确实是一个高明的管理者。京东集团创始人刘强东也深谙这一点，他经常驾驶自己的高性能越野车进行越野探险，越野期间通常会切断同外界的一切联系，为什么敢于这么做，因为对企业放心，京东有一套完善的管理制度和高效的团队系统，离开刘强东，团队照样正常运转。

那么，怎么才能设计出可以驱使团队自动执行的制度和规则呢？

1. 第一种情况，制度符合所有参与人员利益

事实上，制度作为一种利益的博弈规则，会影响到团队参与各方的利益，影响各个参与方对利益的追求，而各方的这种利益追求，反过来就会驱动制度的自动执行。

举个例子：如某公司制定的“超额销售提成制度”，受该制度影响的有老板、销售经理、销售员工，销售人员超额完成销售任务，首先他们能拿到超额提成，其上司销售经理也会拿到总体提成，而老板也会由于销售任务的超额完成而受益，因此这一制度就具有明显的自动执行特质。因为参与各方的利益追求是相同的，在推进制度的过程中，只会有人受益，而不至于利益受损，那么从中获益的这三个人群就都会去推动它的实施。反之，任何一方违背制度，都会导致所有人利益受损，为其他人所不容。

所有可供自动执行的制度，无不是将这一因素考虑进来，依托各个参与方的利益追求和利益博弈，来实现组织的自动执行、自动运转。

2. 第二种情况，制度符合有话语权的参与者利益

这种制度并不能维护所有参与方的利益，比如“员工加班制度”，显然不符合员工利益，但在老板牵头，高管、中层赞成的情况下，普通员工就算有意见，也不敢提出，而是保持缄默。任何一方对这一制度执行不力，都会受到惩处，自然也会去遵从。

可供自动执行的制度，具有“自我激励、自我管理、自我组织”的特征。

还有最关键的一点，不仅要在团队内逐步建立并完善“好人能够积极办好事，坏人不敢办坏事”这样一种良性机制，还应维护管理者的威严，维护制度的威严。在原则问题上不能有丝毫让步，只要下属敢于触犯制度的高压线，就要敢于举起惩罚的大棒。

管理学上有一个著名的“热炉法则”，它的基本意思是：当人用手去碰烧热的火炉时，就会受到“烫”的惩罚。这个“热炉”有以下四个特性，形象地向我们展示了在制度落实执行时的惩罚原则（见图 7－1）：

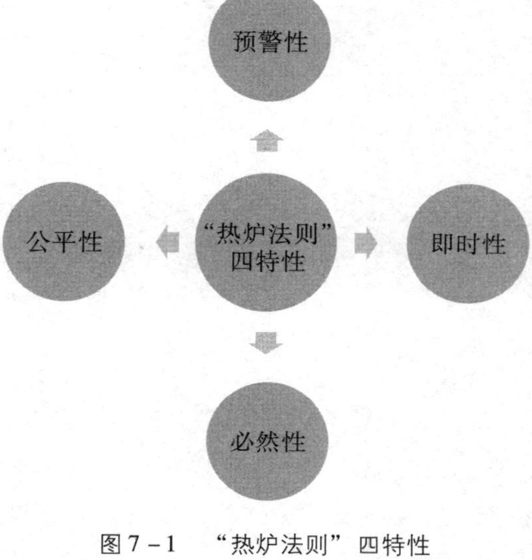

图 7－1　“热炉法则”四特性

第一，预警性。炉子火红，不用手摸，一看就知道是热的，是会烫伤人的。作为管理者，你要据此对员工进行制度教育，以警告他们不要违反、抵触，否则会被“烫到”。

第二，即时性。当你去摸火炉时，立即就会被烫伤，绝不会拖泥带水，不了了之。同样，对于违反制度的员工，也一定要让他们即时受到惩罚。

第三，必然性。就是你每次碰到热炉，都必然会被烫伤，不会下不为例。所以，当有员工触碰红线需要对其进行惩罚时，管理者应当尽量避免“法外开恩”，要让所有人明白，一旦违反制度，必然会受到惩罚，绝无例外。

第四，公平性。不管是谁碰到热炉，都会烫伤，无一例外。这里强调的则是惩罚的公平性，不管是谁违反了制度，都要被惩罚。

团队改进的七反对原则

高维团队善于进行批评和自我批评，例如，在华为有一种复盘方法叫“民主生活会”，它是华为始终坚持的一种自我批判的方式，会议每三个月或者半年举行一次，要求全体中高管理层参与，包括任正非。

随着组织形式、组织规模和市场的变化，华为的团队管理模式也在不断进行革新，华为的管理变革，坚持从实际、实用的目的出发，遵循改进、改良和改善的基本原则，提倡循序渐进，反对大刀阔斧、反对急躁冒进，否则就有可能牵一发而动全身，欲速则不达。

华为的团队管理变革思想充满了辩证主义精神，尤其是其“七反对”原则，值得企业管理者借鉴。

1. 反对完美主义

任正非是低调务实的领导者，他历来反对用完美主义来衡量企业成绩，来对企业各种生产要素进行“高大上”的处理。

任正非指出：“世界是在变化的，永远没有精致完美，根本不可能存在完美，追求完美就会陷入低端的事物主义，越做越糊涂，把事情僵化了。做得精致完美，就会变成小脚女人，怎么冲锋打仗？……华为为什么能够超越西方公司，就是不追求完美，不追求精致。”

世界上的任何一样东西都有缺陷，任何一家公司都不可能号称自己的所有产品都是完美的、任何一件产品都是没有缺陷的。一味地追求完美，一味地追求完成每个细节，必然是得不偿失的，必然会贻误战机。我们要在企业能够获利、能够生存的情况下，不断完善细节，这才是企业的生存之道。

《华为基本法》执笔人黄卫伟在《走出混沌》一书中对完美主义的态度也有论调——“华为公司从创办到现在，从来没有追求完美，追求完美我们就没有动力了。我们要推行各项政策时，只要大的环节想明白就推行，然后在推行过程中慢慢优化。华为企业文化的一个特征是，只要有新增长点就不能追求完美，追求完美就不可能有增长点，一定要实事求是，要有可操作性、可运行性。”

比如，华为强调在为客户进行产品交付时，要做到及时、准确、低成本，反对画蛇添足，故意增加一些不必要的流程。因为冗余的流程既耽误了时间，也增加了成本。

很多情况下，不完美才是一种最佳的状态。而正因为坚持不做完美主义者，华为才能在缺陷中不断进步，才能在坎坷中不断前进。

2. 反对盲目创新

创新，不论是管理创新，还是技术创新，都要从是否能够增强企业的核心竞争力、是否对企业真正有益、是否具有良好的性价比等立场出发，决不可盲目创新。否则，不仅会对企业资源造成消耗，也会在无形中增加企业的机会成本。

华为坚决反对在管理和流程上的盲目创新，主张要在原有基础上进行持续的改良和优化，而不是动不动就进行颠覆性创新。当然，不断改良，并不是随意改来改去，而是进行合理化、科学化创新。

只有在历经充分认证之后，才能进行必要的革命和颠覆性创新。

3. 反对烦琐哲学

华为在变大变强的过程中，也不可避免地出现一些大公司病：组织机构庞大、管理流程复杂。有些则是为了复杂而复杂，甚至是为了展示个人的某些能力而故意进行的烦琐化设计。

任正非早在2006年就意识到了这种问题，他在一次会议上指出：“我反对烦琐哲学。把流程做得复杂得很，复杂的目的是要展示自己的能力，消磨公司的生命。一将功成万骨枯。为了证明你能耐，不惜公司的流程在烦琐中运行，我是不能容忍的。”

管理的本质是将复杂的问题简单化，企业管理高手大都是化繁为简的高手，他们不会背离企业发展的本质规律，去搞那些复杂的、空洞的、形式化的东西，而是致力于推行简单明了、快捷高效的企业管理。

4. 反对没有全局效益提升的局部优化

企业是一个整体，企业各级领导者都要具备大局观，具有全局意识和整体意识。处理好局部利益和企业整体利益的关系，不可只从优化局部效益的角度出发，而应当考虑该项局部优化是否符合企业总体利益。

这其实是要求管理者决不能只是站在局部的角度考虑问题，而应正确处理好个人利益和集体利益、局部利益和企业整体利益、当前利益和长远利益的关系，否则，就很容易做出一些错误的判断和决策。

5. 反对没有大局观的干部主导变革

变革从来都不是一件小事，不管是企业之变还是一国之变，都是建立在拥有大局观的基础上的。任何只优化局部的变革都注定不会成功，任何不能解决大局主要问题的变革都是毫无意义的。

任正非喜欢读历史，在历史上有很多缺少大局观的变革。农民起义，资产阶级维新派的维新运动，资产阶级革命派的革命运动，都没办法成功。这些变革就是因为缺少大局观，没有根据实际情况来进行变革。没能解决主要问题，只保证了小部分人和当前的利益，缺少长远的眼光，这些都是缺少大局观的表现。干部主导变革，一定要站立在大局观上推行。

6. 反对没有业务实践的干部主导变革

变革本身就是一项企业实践，应由具备实战经验、成功经验的干部来主导。实践出真知，没有业务实践的干部，往往只会纸上谈兵。

华为曾因为内部的一封信在网络上引起波澜：有部分员工表示，华为的食堂菜品不够丰富，价格也偏高，希望能够改革。这件事情由员工主导，有部分干部表示支持。但是到了高层决策的时候，轮值CEO徐直军却表示，支持这项举措的干部应该去食堂帮厨三个月，以了解一下变革是否可行。徐直军的意见得到了任正非的大力支持，认为干部的做法并不成熟。

我们且不论这件事情孰是孰非，但是干部在提出变革之前，的确应该到自己提出变革的地方去实践一下。

7. 反对没有经过充分论证的流程进入推广应用

在某项企业流程推广运用之前，由于流程涉及企业运营实战，而实战马虎不得，因此务必要确认流程是经过充分论证的，在逻辑上是成立的，而且是经过小范围测试后仍然也成立的。这时，才能够将该流程在企业内推广。否则，流程就很可能自带一些未被发现的“硬伤”，就会出现运行不畅的问题，从而影响企业的正常运转。

团队的复盘与精进

高维团队擅于通过复盘自我完善，通过每一次复盘，对团队进行优化与改进，以不断进步。

复盘，源于东方思维和东方文化，最早来源于棋类术语“复局”，即对棋完毕后，复演该盘棋的记录，以检查对局方法的优劣、得失，总结经验教训，规避同类错误，提升棋艺。

通常，不论是工作还是生活中，我们都没有能力和精力一次性将事情全部做对，但却在一次次地重复一件件错事。复盘的目的就是避免犯同样的错误，当然事后也可以不复盘，看上去也没有什么损失，但是毫无疑问，复盘可以让我们做得更好，不断精进，不断提升。

在团队工作中，复盘是一个重要的思考和管理工具。通过复盘我们可以纠正错误、找到正确方向、将合理的流程固化下来，同时做到更了解团队的强弱优劣，使团队分工合作趋于合理，找到隐藏在背后的深层次问题和矛盾，从而为整个团队矫正方向，寻找更好的可能性，实现良性循环。联想控股名誉董事长柳传志说过：“复盘至关重要，复盘可以总结经验教训，尤其是失败的事情，要认真、不给自己留任何情面地把这个失败原因想清楚，把事情想明白，然后就可以谋定而后动了。”

华为非常重视团队的复盘，任正非本人也经常在讲话中提及复盘。

2017 年，任正非在英国代表处的讲话中谈到，“任何一个合同，任何一个交付，一定要复盘。复盘才知道我们在这件事中哪些做错了，哪些做对了”。

2018 年 3 月，任正非在产品与解决方案、2012 实验室管理团队座谈会上的讲话也提到，“研发能不能规定每天留一个小时复盘？复盘的时候，大家坐在一起喝杯咖啡，反思一下今天的工作。多次复盘完了以后可以建模，模型不一定要数学的，可以定性的也可以定量的，技巧方法传下去了，下一次操盘就容易了，这样新员工也就发挥了作用”。

2019年3月，任正非在全球合同场景师大会上的讲话中再次谈到复盘的问题，“合同场景师应该坚持每天做完工作后复盘，多次复盘后学学建模。……现在你们做完任何一件事情，建议晚上回来都要复盘，想想这件事情你是怎么做的，然后几个人在饭后讨论一下。不断复盘，不断建模；建了新模再去应用，如果能提高1%，那说明你的思维方向是正确的，一点一点就能逐渐逼近真理”。

复盘，有助于团队的持续精进，一步步逼近真理。

复盘分为自我复盘、团队复盘和复盘他人。自我复盘可以随时随地进行，是个人获得成长的有效手段；团队复盘可以让复盘主导者和团队成员获得成长；复盘他人，则能够利用他人的实践让我们不花成本就获得成长，也就是所谓的“他山之石，可以攻玉”。

团队复盘要按照严格的步骤、方法和原则来进行，它是讨论会，而不是主持人的宣讲会，更不是毫无意义的争论会、批斗会。总之，团队复盘的目的是寻找新方法，碰撞出新观点、新思路，是探寻团队管理、运作真相真理的总结会，既不要流于形式，更不能变为秋后算账的讨伐会。

为了确保团队复盘的效果和效力，复盘过程应设置好引导者、设问者和叙述者三种角色，每种角色可以由一人或多人担任，都不可或缺（见图7-2）。

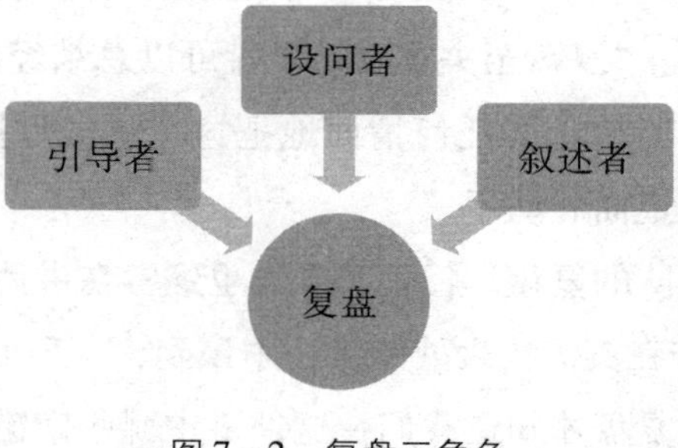

图7-2　复盘三角色

1. 引导者

引导者的职责是确保复盘过程不偏离主题，按既定流程去推进。引导者是复盘活动的重要角色，既在复盘中，又在复盘外，类似于主持人。需要注意的是，引导者发挥的是引导作用，而不是主导作用，主导复盘过程的是其他参与人员，引导者在程序上要发挥自己的主导作用，而对于复盘本身，则应该交予其他参与人。

通常，引导者由团队中职位较高的人员担任。

2. 设问者

设问者，负责在复盘进程中通过适当地提问，来发现、探索相关事情的本质，发现隐含的规律。设问者是否称职或是否能提出有深度的问题，是决定复盘工作成败与否的关键。

设问者要通过不断地追问，抽丝剥茧，直抵问题的核心，所提问题主要有信息类问题和思维类问题。信息类问题针对的是事实层面，思维类问题目的是要探寻各个信息之间的逻辑关系，以便能够顺藤摸瓜，引起大家积极思考讨论，激发头脑风暴，从而得到一些根本性的认识。

3. 叙述者

叙述者，即具体事件和情况的陈述者，他们是复盘工作的基础，复盘就是要建立在他们的陈述和回答之上。

因此，要确保叙述者陈述得真实、完整、客观，同时其他人员要确保叙述人处于一个良好的陈述环境之中，以完整地呈现整个事情的细枝末节。

团队复盘，可按如下步骤展开：

第一步：目标回顾。

这是复盘的起始，即回顾任务开始时的目标和期望值，主要包括几个问题：

该项任务的目的、意图是什么？

该任务要达成的目标是什么？

任务的行动计划是什么？

任务执行中预计会出现的情况是什么？

第二步：结果评估。

即对任务达成结果进行评估，分析其值得肯定之处以及不足之处。进行结果评估时，要注意客观公正地去呈现事实，避免主观感受的干扰。

实际结果与预定目标相比，可能出现五种情况：

1. 实际结果同预定目标一致，完成了预定目标；
2. 实际结果超出了预定目标，超额完成预定目标；
3. 实际结果不如预定目标，部分完成了预定目标；
4. 实际结果中出现了预定目标之外的结果，是在执行过程中的附加结果；
5. 实际结果为零，完全没有达成预定目标。

结果对比不是为了发现差距，也不是为了追究责任，而是为了发现导致这些问题的深层次原因。

第三步：过程阐述。

即通过叙述者的阐述，让所有复盘参与人员了解事件的整个过程和方方面面的细节，让大家共享情景、共享信息，这样才能够拥有共同的讨论基础。过程阐述要照本宣科地进行，即提前做好相应的素材、文本准备，会议上照本宣讲即可，以避免重要信息的遗漏。

第四步：自我剖析。

自我剖析的目的，是对既往经历、事实，进行充分的分析、反思，既要看到问题，也要承认取得的成绩，从中去找出原因、总结规律。自我剖析，既要客观，同时又要态度坚决、不留情面，以示改进的决心和勇气。否则，流于表面的剖析，其实际意义不大。

通过剖析，你要发现任务、事件执行过程中的可控因素、不可控因素以及半可控因素，并从中发现——

> 自己没有尽力的地方有哪些？
> 已经尽力但没有效果的地方有哪些？
> 无处着力的地方有哪些？

通过这些问题的呈现，进一步找出解决和补救措施，以免今后再犯同类的错误，再步入同样的误区。

第五步：众人设问。

其他人的设问，可以打破事件本身的局限，以及叙述者个人的局限和认识上的误区，从而探索更多的可能性，分析每一种可能性的条件和边界。等这些问题都深入了解清楚之后，隐藏的深层次问题也就一清二白了。

第六步：总结规律。

总结规律是复盘工作最重要的目的，上面所有的步骤都是为了得出一般性的规律，形成最接近真相的认识。总结规律得出的结论是否正确，最好的检验当然是时间，但是，一旦进入实践阶段，则说明复盘工作已经结束。

第七步：案例验证。

对规律的验证，除了需要时间外，还可以借助案例来进行。即通过选择一些同类型的、同行业的、同情景的案例进行佐证，不能选取跟所复盘的事件无关的案例。

第八步：复盘归档。

将经过上述步骤得出的结论进行归档，形成有据可查的资料，以文本的形式固化下来，形成团队知识体系，方便团队成员参考借鉴。

第九步：制定改善措施和行动计划。

根据上述总结制定下一步的改善措施和行动计划，即需要继续哪些旧举措，需要叫停哪些旧举措，需要推出哪些新举措等。

第八章

高维团队建设利益同盟篇：高维团队都是利益共同体

华为将劳动、知识视为企业价值创造的源泉之一，强调员工的智力劳动在企业发展中的关键作用，并以全员持股的企业底层制度设计，将其知识资本转化为企业的财务资本，员工具有了一定的剩余价值索取权，成为企业的主人，就同企业一起成了生死与共的利益共同体。

“三高”企业：高效率、高压力、高工资

华为是“三高”企业：高效率、高压力、高工资。高工资的获得是有前提条件的，它是在奋斗者承受高压力的同时，以高效率的工作多打“粮食”而换来的。

高薪只是华为员工的一面，另一面是什么呢？

第一，多干活。

高工资，必然要多干活。

任正非说：“我不眼红年轻人拿高工资，贡献很大才能拿到这么高的工资，我们还要进一步推行这种新的薪酬改革。前二十几年我们已经熬过了不平坦的道路，走上新道路时，就要新条件。三个人拿四个人的钱，干五个人的活，就是我们未来的期望。这样改变以后，华为将一枝独秀。”

第二，少休息。

在华为，有一份刊登员工生活的内刊，名字是任正非亲自起的，叫《24小时以外》，它的寓意非常明显：如果员工想要享受个人生活，只能是“24小时以外”了。

华为的员工一直承受着超快的工作节奏，他们依靠高强度、不惜代价地拼命工作，依靠牺牲更多的休息时间，华为才得以缩小与强大的跨国集团的实力差距，并实现赶超。据了解，在华为的任何一个研发基地，晚上八九点钟的时候办公楼都是灯火通明的。

第三，家庭危机。

在华为内部有一个说法：要想当高管，首先得离婚。这是由于华为人长时间出差，长期忙于工作，不得不忽略家庭和家人，很多华为高层都因此遭遇家庭危机，不少华为高层都有过离婚的经历。

第四，高压力。

华为超强的工作压力和工作节奏，让员工的神经始终都处于紧绷的状态，华为员工承受着巨大的压力。华为的狼性文化和末位淘汰机制都是华为公司高压力的制度表现，华为通过“干部能上能下，工作能左能右，人员能进能出，待遇能升能降”的“四能”机制，将公司层面面临的外部市场竞争压力转化为内部竞争压力，使员工始终处于高压之下，保持“饥饿感”，以此为动力来创造价值。

第五，出成绩。

华为推行的是成果导向的考核机制，意味着员工要获得相应的高收入，就必须做出相应的成绩，因为华为不会为无效工作买单。

华为在推行高工资、高福利机制的同时，也在竭力避免员工在富裕起来之后动力不足的问题，避免公司的既得利益阶层成为单纯的阶层。否则，这种不劳而获的食利阶层，终会将高昂的人力成本转嫁给客户，而客户是绝对不会为公司的高福利买单的，进而就会弱化公司产品和服务的竞争力，导致公司的衰退。

因此，华为提出要控制总体薪酬水平，防止高工资、高福利对企业未来的威胁。为此，华为设计了一系列应对机制。

1. 股权不断稀释、调整

华为推行的是全员持股制度，但并不意味着股权架构是一成不变的，为了避免公司内部出现大量不思进取的食利股东，华为也在通过股权上的相应调整来遏制。

第一，将“贫穷的饥饿者”吸纳为新股东。

任正非指出：“将来股票也可能是华为公司的灾难。会不会有一天资本化后，突然非常多的人太富，导致战斗力减弱。所以要招聘一批胸怀大志、一贫如洗的人进来，他有饥饿感，又有本事，经过我们的平台两三年锻炼后，就全明白怎样现代化作战。我相信有我们的平台锻炼、培养和激励他们，将来三十几岁的人也能指挥华为公司。”

相对于公司内部的元老、既得利益者、财务自由者，这些胸怀大志又一贫如洗的新人，将成为华为的新鲜血液和奋斗者，他们需要得到薪酬、激励，用来激活组织发展。

第二，新增配股向高绩效者倾斜。

华为的新增配股也要导向冲锋者，导向真正的奋斗者、贡献者，要向高绩效者倾斜，使得公司的长期利益不断被分配，在历史贡献者和当前贡献者、未来贡献者之间形成趋于均衡合理的分配格局，避免华为成为单纯的高福利型组织。

第三，动态调整股权比例。

华为股权调整的指导思想之一是，要解决创业者、老员工和新员工的关系。优秀的新员工加入企业后，要在股权上体现出来，使其成为企业的新股东，这样老员工的股份便在不断地稀释（动态地调整过程中，对那些虽然以前对企业做出过贡献，但是不再为企业创造效益的员工，实际上股份是在稀释的）。从理论上，此举解决了到底华为公司的剩余价值是谁创造的这个问题。

2. 工资有升有降

华为坚持工资要能升能降，如果工资只升不降，员工就没了后顾之忧，缺乏持续奋斗的激情，公司就会进入死循环。

因此，华为奉行的是“以岗定级，以级定薪，人岗匹配，易岗易薪”的工资分配机制，所有人的工资都不是一成不变的，也不是只升不降的，而是随个人贡献而不断调整变化。

3. 不搞终身制

华为的历史贡献者、历史功臣的职位要因形势和个人能力而调整，不一定要一直身居高位。当然，历史功臣可以继续享受相应的福利，而职务一定要让给真正的责任者，同时，奖金也要让给真正的贡献者、奋斗者。

价值分配由价值创造来决定

任正非曾讲："我不懂技术，也不懂营销，只是分钱比较公道罢了。"华为今天所取得的成就有目共睹，而之所以能有这样的成就，与它成功地解决了员工的价值创造和价值分配问题紧密相关。华为的价值链管理体系由三个方面组成，分别是价值创造、价值评价和价值分配，其中价值创造和价值评价是价值分配的两个前提，而价值创造决定了价值分配。价值链管理体系是华为人最引以为傲的管理体系之一，也是华为人力资源管理系统中最关键、最核心、最具价值的内容之一。

华为价值链管理体系中三个方面的内容包括：

一是以客户为中心的价值创造；

二是以成果为导向的价值评价；

三是以奋斗者为本的价值分配。

价值创造中的"价值"指的是员工为企业客户创造的价值，而不是单纯地指员工自身的价值或员工为企业创造的价值。企业只有为客户创造了价值才能获得利润，因此企业招聘员工归根结底是为客户服务的，也是为客户创造价值的。对企业来说，员工自身的价值和员工为企业创造的价值都围绕着为客户创造价值。因此，价值创造要始终"以客户为中心"，而以客户为中心，就需要全心全意为客户创造价值。当员工能为客户创造价值时，他们才会有绩效，企业也才会有利润；员工为客户创造的价值越高，他们的绩效也会越高，公司的利润也会随之增高，最终员工的工资自然也会水涨船高。

公司在获利后需要将一部分利润分给员工，因此就需要进行价值分配。

但价值分配要有依据，而价值评价就是这个依据。这就要求在为员工分配价值之前，要先对他们的业绩进行客观公正的评价。如何实现价值评价的客观公正呢？华为的做法是：在进行价值评价时要坚持“以结果为导向”。

华为的价值评价体系的特点是全面而立体，其价值评价的内容主要分为三个方面：任职资格、任职评估、绩效评价。价值评价要客观公正，价值分配要科学合理，做好了客观公正的价值评估，才能进行科学合理的价值分配。然而，要使价值分配做到科学合理，不仅要做好价值评估，还必须坚持一个重要的原则，即“以奋斗者为本”。在价值分配环节坚持以奋斗者为本，一方面能激起奋斗者创造价值的积极性，另一方面能促使更多的人成为奋斗者。

1. 价值创造

在华为，保障价值创造的工作是做好绩效管理。华为的绩效管理共有三个层次：

第一层是公司战略目标管理；

第二层是组织绩效管理；

第三层是员工绩效管理。

尽管有许多公司也宣称在做“绩效管理”，但实际上它们进行的工作是“绩效考核”，并非真正意义上的“绩效管理”。那么两者究竟有什么区别呢？绩效考核和绩效管理的性质不同，目的也不同。前者是一个管理动作，后者是一个管理过程；前者的目的是对员工和部门实行分类和考核，后者的目的是集中员工和各部门的力量，共同完成公司的战略目标，最终实现个人、部门、公司的共同成长。绩效考核侧重在价值分配中完成的工作，它的工作目标是合理分配员工的绩效工资和奖金，绩效考核的工作目标完不成，员工的“绩效工资”就会减少。因此，它是一种“负向激励”的方式。而绩效管理的重点在于价值创造，它的工作目标不仅是实现公司的战略目标，也是实现个人的成长。管理者需要领导员工不断挑战卓越目标，实现员工和公司的整体成长。因此，绩效管理是一种“正向激励”的方式。

2001 年，华为引进了个人绩效承诺（PBC），开始尝试进行绩效管理；2009 年，华为通过绩效管理变革在一年半的时间内实现了绩效管理的升级。

华为绩效管理分为四大步骤（见图 8 – 1）。

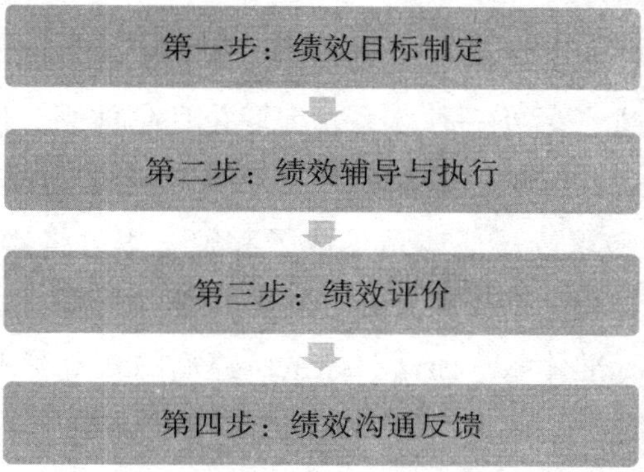

图 8 – 1　华为绩效管理步骤

华为的部门主管在进行绩效管理时，主要的精力会集中在绩效目标制定、绩效辅导与执行上，这两大步骤大约花费他们 90% 的时间。实现组织目标是华为管理层始终不变的焦点，而这也是华为绩效管理的真正精髓所在。不仅如此，单纯地只做好绩效管理是不够的，还必须将它与日常工作结合起来，为此就需要做到“三个平时”：做好平时的沟通；做好平时的记录；做好平时的评价。同时还要坚持绩效管理的基本原则，即“双向沟通，激发潜能”。

2. 价值评价

早在 20 世纪 90 年代，华为就从英国引进了任职资格体系，该体系也是价值评价体系三大主要内容之一。在推行任职资格体系时，华为没有一开始就全面实行这一体系，而是先拿“秘书体系”进行试点推行。但是，当时华为还没有引进职位评估方法，单纯的任职资格体系为华为的成长带来了极大的麻烦，华为经过好几年的调整才走出这个大坑。单纯以任职资格标准来作为工资分配标准是毫无意义的，华为需要分职位族，其中还包括分职位大类、小类，此外还要分级别等。华为花费了大量的人力、物力和财力都没有真正完成这项工作，原因就在于它们的分界线非常难定。

员工的任职资格怎样归根结底还是要看员工的绩效，员工的绩效贡献高可以体现和证明他们的能力强或具备任职资格，这是实际认证中必不可少的依据。正是因为看透了这一点，华为才将任职资格标准的主体放在了员工的绩效贡献上。

实际上，仅靠任职资格体系和绩效评价体系，还实现不了华为的价值评价。后来华为又引进了另外一种体系，即职位评估体系。但是，在刚从合益集团引进这一体系后，任职资格体系便与这一新体系产生了冲突。幸运的是，后来任职资格体系和职位评估体系达成了和解。华为将这两种体系相融合，先以任职资格体系进行任职资格评定，再紧跟职位等级，这样最终形成了一种更为科学的工资标准体系。而这一体系所遵循的薪酬管理方针可概括为16个字，即“以岗定级，以级定薪，人岗匹配，易岗易薪”。

3. 价值分配

绩效评级是华为员工价值分配的依据。例如，华为员工的绩效评级可评为A、B、C、D四个等级，如果员工拿了A级，那么他就能凭借这一评级获得任职和晋升的机会，同时他也能因此获得更多的奖金和更多的股票分配。但是，倘若员工的绩效评级只被评为C级或D级，他们便既没有升职机会，也没有奖金。

显然，价值分配的这种机制是围绕“以奋斗者为本”的原则设计并实行的。这种分配方式的优势在于它可以使优秀的员工获得更多的回报，同时又能激励那些能力较弱的员工加油追赶，最大限度地调动自己的积极性。评级为A级的员工可以带着团队一起进步，评级为B级的员工会向A级的员工看齐，并努力学习以实现超越，而那些不愿努力的员工也会因为报酬低和无晋升机会等原因主动离开公司。

华为价值链管理体系的成功体现在它的完整性和循环性上，也就是说它是一套完整的体系，不存在环节缺失影响整体局势的情况，而且真正实现了良性循环。价值创造决定了价值分配，但也要做好价值评价，客观公正的评价才能使企业更加科学合理地进行价值分配。实现了价值分配的科学合理，便能够让员工获得积极性；员工充满了动力，自然能为企业和客户创造更大的价值。凭借这样的价值链管理体系，华为实现了价值链的正向循环，也实现了企业的快速稳定发展。

华为的个人绩效承诺

华为有一套完善的绩效管理机制，其中事关员工个人绩效的管理方法是个人绩效承诺（PBC）。它是华为花费重金从美国 IBM 公司引进的一种绩效管理方法。在 IBM 的绩效管理方法上，华为加入了自己的改良，便成了现在具有华为特色的个人绩效管理方法。

华为的 PBC 坚持以下四个原则。

原则一：用责任和重点工作作为员工行为的导向。

很多企业都希望员工能为公司多做事，但华为并不单纯这样希望，它更希望员工能为企业做正确的事。考核员工的目的不是扣减他们的薪酬，而是要引导他们正确做事，调动他们改善绩效的积极性。出发点不同，结果将大不一样。

原则二：保证个人目标与组织目标相一致。

华为总裁任正非说："不能为了局部的改善而牺牲掉全部的流程。"这也是华为一直坚持的变革管理中"七个坚决反对"中的一条。个人绩效管理的目的是要让局部与公司的全流程保持一致，因此，不能为了个人或局部的高效而影响公司的整个流程。

原则三：客观公正。

华为在考核员工绩效时会始终依据具体数据和事实来说话，评估绩效结果时绝不会搞所谓的"人情分"，一切以事实为准，一切以数据为准，做到客观公正。华为的考核不是 360 度考核，也不会去搞根据不明的"德、能、勤、绩"那一套，其员工考核只有客观事实和客观数据这两个依据。无论华为的领导层如何轮换，员工的绩效都不会受影响，每一位新领导在上任之前都会继承前一位领导遗留的事情，华为不允许领导者以自身喜好为依据来考核员工的绩效。

原则四：分层分类。

华为的 PBC 绩效管理需要先将目标设好，再将目标分解好，最后形成员工的书面承诺。而要实现这一分解过程就需要进行科学合理的分层分类。从每年 10 月到下一年的 2 月，华为就会对企业分层做战略解码。在战略解码时，华为不仅会输出战略目标，还会输出战略指标集，之后在 2 月至 4 月完成企业全员的 PBC 签署。因此，从一年的 10 月到次年的 4 月，华为只坚持干一件事，即设定并分解目标，使员工形成书面承诺。

在实操上，华为 PBC 有七个步骤。

第一步：设置目标。

设置目标时需要遵循 PBC 管理的四个原则，华为个人绩效管理的基石就是做好目标设置。

第二步：绩效辅导。

绩效辅导是一个动态管理的过程，华为每隔一段时间就会回顾一下重点工作的进度，并根据这些工作进度来对员工做绩效辅导。绩效辅导是一种在管理者和员工之间开展的双向过程，这一过程可以随时展开和进行，其本质在于让管理者和员工之间共享知识和经验，以帮助员工挖掘自身潜力，同时帮助员工与组织达成一致目标。如果领导者能以员工为基石来不断复制自己，那么公司和部门便不愁没有接班人了。如果每个领导都能复制自己，那么组织不提升都是一件非常困难的事情。绩效辅导的实质不是因考核而对员工做过程检查，而是以知识和经验来促进员工成长。

第三步：刷新 PBC。

华为绝不追求一成不变的指标。一旦指标落后或环境发生变化，华为就会及时去调整对应的指标。华为在调整目标时绝不随意，只要决定调整目标，就会有依据地去调整，更要将这种调整追溯到目标分解上来。同时，华为在调整目标后，会有独立的部门对新目标进行重新审核。华为不会因为完不成目标而把指标降低，也不会在年末才开始调整指标。总之，华为始终坚持有依据地及时调整目标。

第四步：记录关键事件。

华为在分享好经验方面做得尤为出色。企业的战略目标在实施过程中往往会出现一些关键事件，这些关键事件有好有坏，总之会对企业发展造成非常大的影响，其中总结出的经验对企业来说更是难能可贵的财富，而充分分享这些好经验是华为一直坚持做的。华为的人力资源体系会大力宣传那些优秀的经验和实用的经验，争取做到全公司尽人皆知。其人力资源部门在招聘人才时也会坚持选择有开放心态的人，因为这样将更有利于优秀经验的传播。

第五步：绩效评价。

绩效评价是华为 PBC 个人绩效管理中的关键一步，员工的绩效评价主要分为三个部分：个人自评、主管评价和集体评价。华为的每一位管理者都要定期向领导者述职，而每一位员工同样也需要向自己的上级进行述职。述职工作做得好，往往可以使员工更加明确组织目标和个人目标。员工的目标明确，工作就会做得有理有条，这样便很容易提高个人工作的质量和效率。华为内部已经形成了“有目标、有压力、要考核、要汇报”的机制，每一个员工都需要利用这样的机制来工作和实现自身价值，不存在脱离这种机制而工作的华为人。

第六步：成果反馈。

反馈工作成果是华为个人管理机制中不可或缺的环节。员工需要定期向领导进行工作成果反馈。在反馈工作成果时，员工要与管理者进行面对面的交谈。通过成果反馈，管理者可以比较直观地了解员工的工作进度和工作质量。如果员工的工作做得不够好，或者员工在工作中常会碰到各种问题和阻碍，管理者就需要考虑将该员工纳入绩效改进计划之中。管理者在听取成果反馈后一定要有所作为，不能任由人力资源部门炒掉自己辛苦培养的员工。

第七步：考核申诉。

这一步很容易理解，即员工有权利在被考核之后，针对自己认为有问题或不满意的考核结果向考核部门提起申诉，并以此来维护自身的权益。

华为 PBC 的内容主要分为三个部分：个人目标承诺、人员管理目标承诺和个人能力提升目标。

其中，个人目标承诺又可分为以下三个方面。

第一，个人业务目标承诺。

员工或主管要根据个人所从事的业务去做对应的业务目标承诺。例如，如果一位员工从事的是市场业务，他就需要承诺实现对应的市场目标，具体可能承诺客户覆盖率、客户管理指标等。

第二，个人重点聚焦项目。

如果一个主管要负责一个价值几亿美元的重点交付项目，那么他就有可能在接下来的一年或几年内只专注于这一个项目。而这个项目的情况就可能成为该主管管理工作的核心绩效指标。

第三，年度组织建设和管理改进目标。

对华为管理层来说，管理工作不是一蹴而就的，而是需要花费大量时间经营的。在管理层面，特别是人力资源管理，往往需要管理者花费大量的时间和精力才能完成制度设计到制度落地的全部工作。在大型企业中，这个过程少则几年，多则十几年都是常有的事情。

华为 PBC 中的第二部分内容是人员管理目标承诺。该承诺针对的是华为的管理者。在接受组织的挑战后，华为的管理者会根据挑战内容来设定人员管理目标，并向组织签署人员管理目标承诺。一般来说，管理者设定的人员管理目标主要包括人才的培养和引进、知识的建设和共享等。

华为 PBC 中的第三部分内容是个人能力提升目标。在这个环节，华为的员工需要利用个人业绩承诺的方式将自己的成长目标罗列出来。近几年，华为致力于推进员工国际化，意在将员工提升为更符合国际化标准，可流畅进行国际业务的综合人才。因此，华为鼓励员工学习英语，并将学英语列为个人提升的目标。华为要求每一位员工考托业，并且要求其考试分数需超过 600 分才算达标。华为这些做法，极大地提升了员工的综合素质，使他们能够在良好的学习和工作环境中快速提升自我。

关于升职和加薪

华为人的升职和加薪属于价值分配的内容，是基于个人业绩承诺考核展开的。要了解华为人如何升职和加薪，首先要了解华为员工个人业绩承诺的考核周期与等级。最开始，华为与许多其他公司一样，对员工的考核采取月度考核，也就是说，华为原先的考核周期是一个月。后来，出于长期发展的考虑，华为员工的考核周期又几经变更，从原来的月度考核变成季度考核，从季度考核到半年度考核，最后到年度考核。可以看出，华为对员工的考核周期是不断拉长的，华为更希望在一个相对较长的时间内对员工完成目标的过程和结果进行度量，时间越长，考核的准确度自然也越高，同时也能避免员工疲于考核以及企业将过多的精力浪费在员工考核方面。

月度考核和季度考核的时间较短，员工所做的许多工作还没有结果，因此以月度或季度为周期对员工进行考核是不符合华为要求的。适度地延长员工的考核周期，一方面能减少考核部门的工作量，另一方面也能保障员工将精力聚焦在工作结果上，而不是焦虑于考核上。

在华为，职能越高、等级越高的领导和管理者，其考核周期会越长，通常来说，绝大多数领导者的考核周期都是以年为单位的。而中基层员工的考核周期相对较短，考核的次数也相对较多，一般来说，他们一年内至少要接受两次考核，一次是半年度考核，另一次是年度考核。另外，华为还有一种中间过程考核，这种考核也被称为“季度回顾”。

华为强调员工的工作成果输出，但要如何来衡量呢？一般公司的做法是，在对员工进行考核时，按照满分 100 分、及格分数 60 分的打分制为员工进行绩效评价。但是，这个打分制有一个弊端，即绩效评价的最终结果很可能集中在60～100分之间，从表面很难来区分员工的绩效属于什么层次。华为的绩效评价没有采用打分制，而是采用了等级制，根据员工的绩效为他们评定出绩效等级是华为评价体系尤为擅长的事。

华为为员工的绩效评级设置了5个等级，分别是A级、B+级、B级、C级和D级。华为为这些等级做了清楚的定义，同时每隔一段时间华为的绩效管理都会进行刷新，这也是其绩效管理的最大亮点。

华为员工绩效等级的具体定义如下。

1. 等级A：杰出贡献者

很多企业在做绩效考核时往往会将分数排名前10%的员工评定为杰出贡献者，而分数排名前10%的员工能获得华为评定的A级吗？答案是否定的。因为华为认为高位排名只是相对的，没有任何绝对的意义，用它来做评判等级的标准是不够准确的。

华为对“杰出”的理解与其他公司不同，对华为来说，“杰出”的精准定义不是排名靠前，而是真正为企业做出超越本职业绩。“杰出贡献者”必定是那些为企业承担更多职责，同时超越岗位层级期望，做出更多绩效，并取得杰出成果的模范们。如果传统意义上的杰出是做到100分的话，那么华为的“杰出贡献者”要做到超过100分。

在华为，不同的岗位层级的绩效目标是不同的，华为会根据员工的职责来定绩效目标。越是优秀的人，其评分数据和个人业绩承诺指标就会越超出预期。当然，超出预期的评分数据和个人业绩承诺指标也正是杰出A级人才的身份证明。

2. 等级B+：优秀贡献者

华为将能够达到组织期望，并时常能超出组织期望，做出超越期望业绩的人称为优秀贡献者。优秀贡献者的评级为B+。华为曾经可以持续以30%的增长率进行发展，这种成长速度是一般企业无法相比的，而其之所以能如此迅猛地发展，最关键的一个驱动因素就是高绩效。华为的员工要想达到优秀评级就必须努力向前冲，冲力越大，动力越大。对华为的业务来说，员工的高绩效就是它的推动力。

3. 等级B：扎实贡献者

扎实贡献者是指那些能够达到组织期望，按时完成工作目标的人。在华为，B级是个分水岭，它区分了那些能够达到组织期望和不能达到组织期望的员工。B级以上都是能达到组织期望的人，B级之下都是不能达到组织期望的人。

4. 等级C和D：较低贡献者

较低贡献者是不能完成组织目标的人，华为根据这类人目标完成的差异，将他们评级为C级或D级。

员工的PBC考核结果直接与薪资和升职挂钩。

首先，PBC考核结果决定了华为员工薪酬的多少。

如果是等级为C和D的较低贡献者，华为是不会给他们涨薪的，更不会给他们发放奖金。华为员工的工资差距主要体现在奖金上，如果某一员工没有奖金只拿基本工资的话，那么他的薪资水平与一般有奖金员工的薪资水平之间的差距往往非常明显。在同级别的岗位上，有奖金的员工年均薪资可能是50万，而没有奖金的员工可能年均只能获得10万。与此同时，较低贡献者是无法获得华为配股的，可以说，华为的一切福利都与较低贡献者无关。

没有哪一个华为的管理者敢挑战这一规则，因为这采用的是一票否决制，它是华为所有人达成的普遍共识，更是华为企业文化的一部分。华为允许员工在考评过程中提意见，但是它也要求员工要尊重绩效考核结果和考评结果的应用。

A级杰出贡献者、B+级优秀贡献者和B级扎实贡献者都有调整工资和获取奖金的机会。同时，A级杰出贡献者在华为拥有一定的配股，而B+级优秀贡献者和B级扎实贡献者可视情况获得华为的配股。

2010年，华为总裁任正非曾提出要为绩效好的员工加大配股力度。因此，华为同一个部门的员工实际收入差距可能非常大。那些真正有能力和绩效出色的员工往往能够获得大量的经济报酬，而这主要得益于华为绩效考核的魔力。

其次，华为的绩效评价等级是员工升职的重要参考依据。

华为的A级员工可以优先获得晋升资格和成长机会。一般来说，每两年华为就会在职位方面有一个较大的调整，两年升级已经成为华为的惯例。职位越高，晋升比例越低。员工的成长虽然不容易，但绝非没有途径，提高个人绩效评价等级就是最实际、最有效的途径。

华为员工的工作就是踏踏实实把公司给定的指标超额完成就可以了，因此华为的员工之间不存在“跑关系”一说，他们的关系都十分简单。员工不用担心自己的努力和成绩组织上看不到，因为不管是目标设定还是员工工作的完成情况都是公开透明的。

相比于A级员工，B+级和B级员工晋升机会相对靠后，但同样有较大机会晋升。只有C级和D级员工是不用考虑的，因为他们的绩效是不能达到晋升条件的。

华为每年会对干部进行胜任考察，干部淘汰率为10%，因此华为干部的压力都较大。如果某一干部的绩效排名在倒数10%的范围内，那么该干部必定会被免职。

许多公司的内部调动只是岗位的变更，但是华为的员工在某个岗位做不好是无法调动的，只有那些绩效好的员工才能调动。华为员工的任职资格、内部调动、职位晋升等都是以其绩效为依据的，也就是说员工的发展都与绩效评价的结果挂钩，这一规则对所有人没有例外。

绩效决定了华为员工的发展和成长，因此员工需要考虑的是如何把工作做好、如何做得更优秀、如何做得更卓越，如果员工能实现这些，那么他的结果一定是好的。这就是华为清晰、透明的企业文化。它不仅解决了华为员工的出路问题，还解除了他们的后顾之忧。

华为的绩效管理整体流程是一个合理的闭环系统，在这个系统中，流程设置科学合理，过程跟进有依有据，绩效评价结果能做到刚性应用（即把员工的绩效和员工的激励相捆绑）。这样一来，在华为内部，绩效就成了一根很强的指挥棒，这是华为绩效管理的成功法门。

以奋斗者为本

不论是华为“惶”者生存的企业文化，还是崇尚艰苦奋斗的战斗型文化，从人性角度衡量，都是反人性的。

让员工心甘情愿地长期进行艰苦奋斗，长期保持高昂的战斗状态，显然不是一件容易的事情，而华为奋斗文化的练就，也是领导风格、物质激励、企业价值观等多重因素塑造和影响的结果。

华为创立之初，就设计了全员持股制度。

在华为深圳总部，有一间神秘的密室，密室中的玻璃橱柜中放置了 10 本厚厚的蓝色册子，这些册子里记录着 8 万多名华为员工的姓名及其他个人信息，据英国《金融时报》报道，这些员工持有华为 99% 的股票。

华为实施的全员持股制，根据员工的表现和工作年限来授予员工股份，依此来决定分红数额，我们看到华为的骨干员工和老员工的离职比例极低，因为工作年限越长、贡献越大、职位越高，手中的股份也就越多，分红也就越高。

这让员工的人力资本同企业的命运紧密关联起来，形成良性互动、良性循环。员工获得股权，参与公司发展，享受公司分红，实现了公司发展和个人财富增值的双重成长。

为了赢得不确定的未来，华为的战略就是“团结一切可以团结的人”。靠什么来团结人？其秘籍就在于：利益分享。过去 30 多年，华为通过构建完善的员工利益分享机制，以奋斗者为本，极大激发了全体员工持续奋斗的热情，造就了强大的组织凝聚力和战斗力。

华为的员工持股制，在公司制度层面受到保护，《华为基本法》中有这样的条款——

·我们实行员工持股制度。一方面，普惠认同华为的模范员工，结成公司与员工的利益与命运共同体。另一方面，将不断地使最有责任心与才能的人进入公司的中坚层。

·我们实行按劳分配与按资分配相结合的分配方式。

在过去30多年中，《华为基本法》中的上述条款，一直被贯彻执行。任正非坚持将股份分配给所有员工，在这个过程中，自己的股权被不断稀释，哪怕将来有一天任正非退休了，也不用担心华为会垮掉，因为是全体员工持股，他们才是大股东，绝不允许企业胡来。而华为轮值CEO的模式则保证了新老掌舵人的交替和平稳过渡，确保企业基业长青。

华为的全员持股制度实现了公司全员之间的紧密利益捆绑，提高了大家的忠诚度，从根本上避免了优秀人才流失的问题。这也是华为能够调动数十万知识型员工的创造潜能和能量、将员工变成勇敢战士的根本所在。

任正非提倡让华为全员去艰苦奋斗，并不只是让一线员工去冲锋陷阵。自创业早期开始，任正非就一直冲在最前线，而且后来表现得更疯狂：手机每天24小时开机，每年有三分之一的时间是在飞机上、出差中度过，为华为而奔走于世界各地。这种玩命般的工作对其身体造成了很大损害，据华为顾问田涛和吴春波说，任正非在1999年至2006年间患过高血压、糖尿病和抑郁症，并做了两次肿瘤手术。

华为常务董事余承东在采访中也谈到了任正非的拼搏精神——

“华为是个什么公司？华为是一家员工拥有股份的公司。任老板自己的股份非常低，全世界这种胸怀的老板是很少的，自己是创业者、CEO，把股份都分给兄弟们，他自己非常少。我认为任老板到现在还有一个基本精神没有改变，就是艰苦奋斗的精神……保持战斗力是人所追求的境界的问题。如果人生追求的是钱，就可以不干了。如果我现在退休，这辈子钱也够花了。我们看重的不是钱，看重的不是享受生活，看重的是做事业、能奋斗、能给社会做贡献。我有时候也想偷懒，但是看任老板，70 岁父辈的人了，还在拼命，儿子辈还懒散地干，好意思吗？”

即便是华为早已经功成名就、成为世界级巨头后，任正非的奋斗精神依然没有丝毫减弱。2017 年春节，已经 73 岁高龄的任正非没有选择在家享受天伦之乐，患有慢性病的任总还飞到玻利维亚，同华为当地员工一起过年。要知道玻利维亚天气可比西藏还要恶劣。此外，在利比亚开战前两天，任正非还曾飞往那里看望员工；在阿富汗战乱危险时期，任正非飞往那里看望员工；当北冰洋开始转冷的时候，任正非赶去那里看望员工。

任正非做出过这样的承诺：“只要我还飞得动，就会到艰苦地区来看你们，到战乱、瘟疫地区来陪你们。我若贪生怕死，何来让你们去英勇奋斗？”

正如余承东所言，华为创始人和精神领袖尚且老当益壮如此拼命，这般以身作则，员工们又如何好意思去偷懒？

第九章

高维团队建设组织进化篇：自我进化，“惶”者生存

高维团队习惯居安思危、自我进化，强调“惶”者生存。华为是颇具危机感的企业，在《华为的冬天》中，任正非写道：“10年来我天天思考的都是失败，对成功视而不见，也没有什么荣誉感、自豪感，而是危机感。”危机意识，贯穿了华为发展的始终，既是为了让企业警钟长鸣，也是为了让企业更好地活下去。

永远保持危机意识

“你永远不能休息，否则你将永远休息。”这是英特尔用来警诫其管理者和员工的警句。

危机意识是每一个高维团队主导者及其成员时刻应该具备的。

在《华为的冬天》中，任正非写道：“10 年来我天天思考的都是失败，对成功视而不见，也没有什么荣誉感、自豪感，而是有危机感。也许是这样才存活了 10 年。我们大家要一起来想，怎样才能活下去，怎样才能活得久一些。”

这种危机意识贯穿了华为发展的始终，既是为了让企业警钟长鸣，更是为了让企业更好地活下去。

宣扬危机意识是一种典型的危机激励方式，这种危机激励在很多知名企业组织中也都被大力提倡，比如微软公司的著名口号：“不论你的产品多棒，你距离失败永远只有 18 个月。”惠普公司原董事长兼首席执行官普拉特所说的：“过去的辉煌只属于过去而非将来。”

在市场经济大潮中，企业的生存环境总是瞬息万变，自身资源状况也在不断地变化之中，企业发展的道路也因此而充满陷阱与危机。一方面，随着社会进步，新的科学技术不断涌现，人们的消费需求在不断变化，求新、求优、求廉、求异的心理普遍存在，给组织带来新的危机；另一方面，新的市场竞争对手和新的竞争手段不断出现，任何停留在原有水平上的企业，总会被市场淘汰，这是由客观规律决定的。

进行危机激励的最终目的并不是让员工收获危机感，它只是一种管理手段，真正目的是激励员工借此来不断提升自己、挑战自我、追求卓越，保持长期艰苦奋斗的精神。

危机意识，如果仅仅只是企业领袖在提，显然难以起到实际效应。事实上，华为的危机意识已经成为整个组织的共识，华为已经将危机和压力传递到了每一个人、每一个流程、每一个角落。

华为主张将危机意识和压力传递给每一个员工，通过无依赖的市场压力传递，使企业内部运转机制永远处于激活状态。

华为在组织内部广泛展开对危机的讨论，比如，讨论华为有什么危机，自己的部门有什么危机，自己的业务流程、所处的科室有什么危机，目的就是把危机传递到每一个员工，让员工感受到“狼来了”，让员工体验到悬在头顶上的达摩克利斯剑，当然，还要让员工看到未来的希望。

华为的危机意识表现在组织的每一个层面，高层要有使命感，中层要有危机感，基层要有饥饿感（见图9－1）。

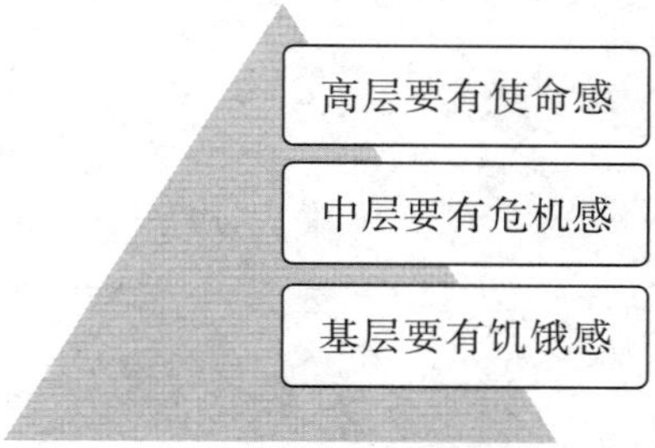

图9－1　华为的危机意识表现

为什么要让高层有使命感？

企业高层位居高位，待遇优厚，很多都已经实现了财务自由。这类高管的工作激情和奋斗意志已经不能再依赖物质激励、金钱驱动，而应当依靠使命感来驱动，华为对使命感的定义是——“什么叫使命感？有钱也干，没钱也干，我就是爱干这个活，这就是使命感。在华为公司，有使命感的干部数量还是有限的，不是很多。”因此，随着企业收入和效益的不断提升，会有越来越多的高层干部失去进取心、失去斗志，因此必须强化高级干部的使命感。

为什么要让中层有危机感？

中层干部承上启下，位置非常关键。他们要负责将下属员工的力量凝聚起来，然后完成任务，是企业的中坚力量，为了保持中层的战斗力，必须要使之具备较强的危机感。华为中层干部的领导岗位绝不是一劳永逸的，会坚持“能者上，庸者下”的末位淘汰机制，这样有了甄别和淘汰，才能有压力和活力，他们所带领的队伍才能更具战斗力。

为什么要让基层有饥饿感?

基层员工是华为一线战场冲锋陷阵的主体，必须要保持充分的饥饿感和狼性，才能在战场上虎口夺食。在华为，那些家境并不优越，甚至比较困难的员工更有饥饿感，他们渴望改善自己的家庭状况。有饥饿感的员工才能产生危机意识，因此会在自己的岗位上拼命奋斗。

保持饥饿感不代表要一直饿着员工。我们知道，狼群最危险的时候，不是狼群最饥饿的时候。饥饿的狼固然凶猛，但是因为长期的饥饿，体力和精力自然都不甚足够，狩猎的时候也难以有上佳的表现。半饱的狼才是最可怕的，它有体力、有精力，又对猎物有着充分的渴望。因此，半饱情况下的狼群才是最有战斗力的。

末位淘汰：让不合适的人离开

末位淘汰制是一种危机激励方式，它能促进全体员工努力前进，让员工更有危机感，更有紧迫意识。员工为了不被淘汰，就必须不断地提高自己，调整自己的工作状态，以适应公司的要求和发展形势。而这种能上能下、有进有出的竞争机制也给华为带来了活力。

末位淘汰制历来是华为危机意识和危机管理的一个构成部分，早在1996年，华为就开始了淘汰公司“夹心阶层”的行动。所谓“夹心阶层”指的是那些既没有实践经验，又不理解华为企业文化，同时又身居高位的人员。

1996年，华为开始用末位淘汰制整改市场部，当时的市场部领导孙亚芳带领市场部的26个办事处主任，同时向公司递交两份报告：一份辞职报告；一份述职报告。由公司视组织改革后的人力需要，具体决定接受每位递交报告者的哪一份报告。在这场竞聘考核中，大约30%的干部被替换下来，部分被辞退，部分被调整到其他岗位。

市场部的这次集体大“辞职”，对华为的发展意义重大。2000年，任正非在市场部集体大“辞职”4周年的讲话中强调：“市场部集体大‘辞职’，对构建公司今天和未来的格局，其影响是极其深刻和远大的。我认为任何一个民族、任何一个公司或任何一个组织只要没有新陈代谢，其生命就会停止。只要是有生命的活动就一定会有矛盾，一定会有斗争，也就一定会有痛苦。如果说我们顾全每位功臣的历史，那么我们就会葬送公司的前途。如果我们公司要有前途，那么我们每个人就必须能够舍弃小我。”

2008年，大规模员工“辞职”的情况在华为再次上演。这次主动辞职的有7000人之多，其中大多数人与华为重新签订了合同。这次辞职主要是针对已经在华为工作了8年以上的员工，他们辞职以后，将重新与华为签署合同。那么，华为这样做的目的是什么呢？

2008年，新的《中华人民共和国劳动合同法》即将出台，其中第十四条规定，如果劳动者在用人单位工作满10年，劳动者可以提出续订劳动合同，新合同可以订立无时间限制的劳动合同。这就意味着，如果劳动者在企业工作超过10年，那么就可以提出签订一次时间很长的合同，在华为这种企业，也就相当于捧上了铁饭碗。如果这7000人全部在两年后签订了超长时间的合同，那么华为的用人自主性就会受到影响，团队内部就会缺少竞争力，混日子的员工就会越来越多。这种情况，是华为高层绝对不愿意看见的，华为想要的是保持团队的竞争力，想要的是保持团队的饥饿感，想要的是保持团队的危机感，想要的是保持团队的创新精神。于是，就有了这次大辞职。

这些华为的老员工们自主提出辞职，并且重新与华为签订了合同。在这一过程中，也得到了数量可观的补偿。即便是一名最普通的员工，也能够拿到20多万的补偿金，这在2008年是很丰厚的。华为在这次事件中，付出的补偿款超过了10亿元。有人觉得华为这样对老员工是非常无情的，其实如果华为将这些人放到不重要的岗位上养老，所花费的金额也未必会比10亿元更多。华为之所以这样做，不仅是为了增强团队的竞争力，不仅是为了让所有员工都知道，在华为是要不断奋斗的，更是照顾到了过去那些为华为服务多年的老员工的状况。

在这两次人事变动以后，华为就建立了人力资源体系和考评管理体系。利用末位淘汰制，保证团队的活力。每年被末位淘汰的干部和员工，占比高达10%。

只有让不合适的人走掉，才能把合适的人留下。末位淘汰制是保持高维团队良性新陈代谢的关键。

一个将近20万人的企业怎么管？华为最重要的人力资源管理理念就是抓好两头，这是借鉴了美国通用电气公司的“活力曲线”，不管公司多少人，主要抓好“做得最好的10%”和“做得最差的10%”，做得好的升职加薪，做得差的降职降薪甚至淘汰出局，这样企业就有了活力。

华为就是要让那些做得最好的员工有更多的成长机会，做得最差的淘汰出局。让每一个员工都感觉到头上悬有一柄剑，如果没有这柄剑大家都安逸地工作，不思进取，企业最后就将面临死亡的危险。

自我批评与自我反省

自我批评与自我反省非常重要，经常这样做的团队，才能够不断地进步，不断地改正缺点。不能自我批评、自我反省的团队，就难以发现问题，难以改正问题。受种种问题的拖累，就难以进步。

华为的自我批评、自我反省，是从上至下的，一旦华为出现重大问题，那么自我批评就会从任正非开始。2018 年，华为上下就因为部分经营单位发生了经营质量事故和业务造假行为进行了自我批评。任正非作为华为的总负责人，自罚 100 万，其他管理人员也都自罚 50 万。只要出了问题，在问责的时候，谁都逃不过。从上至下，只要与问题有关，就必须要进行批评与反省。

有人认为华为的这种自我批评、自我反省，是一种作秀。其实不然，这种做法能够给团队上下以警示，提高团队士气。华为经常在内部进行自我批评与自我反省，这么做不只是走个过场，不只是表面功夫，要从自我批评与自我反省当中有所得，自我批评与自我反省才是有意义的。

华为员工总结了自我批评与自我反省的一些方法，这些方法能够让自我批评与自我反省有成效。

1. 自我批评与自我反省结束以后，要进行足够的思考

自我批评与自我反省不是找到问题、说出问题就结束了，更重要的是解决问题，是确保以后不再出现同类问题。如果只是找到了问题，却没有解决问题，那么自我批评与自我反省就变得毫无意义了。成功了以后要进行思考，思考这一次为什么能够成功，思考这一次的成功能否复制，更要思考这一次

的成功能否可以做得更好。而失败了，则更需要思考，亡羊补牢，为时未晚。

每次都能从自我批评与自我反省当中得到感悟，都能从中学到新的东西，才能确保自我批评与自我反省是有意义的，才能确保不管遇到什么事情都能不断地进步。

2. 可以犯错，但不能一错再错

“人非圣贤，孰能无过”，这句话人人都知道。甚至有不少人，将这句话当成了自己犯错的借口。但是，在这句话之后的真正重要的内容，往往被人们忽略了。“人非圣贤，孰能无过。知错能改，善莫大焉”，这才是完整的内容。

我们可以原谅一个犯错的人，但不能原谅一个不停犯错的人，特别是同样的错误。第一次犯错误，是能力问题，是经验问题，是意识问题。但是如果不停地犯错，那就是态度问题了。一个人缺少能力，可以提高；缺少经验，可以学习；缺少意识，可以培养。但是态度有问题，就很难纠正了。人们常说“江山易改，本性难移”，就是这个道理。

即便华为在对员工进行入职培训的时候，也有思想、态度上的培训，但能否扭转一个人在过去几十年当中形成的想法，却不能保证。

在进行了自我批评与自我反省以后，就要避免下次再出现同样的问题。同样的问题如果不断出现，那就是团队无法容忍、无法原谅的了。

3. 失败就该批评，就该反省，不要强调客观因素

逃避责任是人类的本能。当出现问题、遭遇失败的时候，人们会习惯性地将责任推给别人，或者将事态归因于客观因素，以减轻自己的责任。但是，如果总是将责任推给别人，或者总是将事态归因于客观因素，自己就难以成长。久而久之，就会形成侥幸心理。

产生侥幸心理以后，再遇到问题的时候，就会产生“问题的根源不在我”这样的想法。既然问题不是我造成的，失败跟我没有关系，那么我就不用去改进自己了。有了这种想法，那就永远都不可能规避失败。

自我批评与自我反省，就是要让自己明白，这次失败就是我们自己的失

败，不是别人的失败，与客观条件也没什么关系。如果你能力足够、考虑得全面，那么也应该将客观因素考虑进去，将各种变量考虑进去。面面俱到，才能为我们的计划上几层保险，以免因为计划外的问题造成失败。

自我批评与自我反省，是华为竞争力得以维系的重要原因之一。长期的自我批评与自我反省，避免了内部滋生出傲慢、狂妄、自大等情绪。保持谦虚，才能更好地倾听客户的声音，才能更好地为客户服务。只有客户满意了，华为才能获得更多的收益。

华为“四砍”：适时做减法

充满危机感的高维团队要适时做减法，以保持团队的精干和战斗力。对于组织和团队的精进，任正非有一个著名的“四砍”理论：砍掉高层的“手脚”、砍掉中层的“屁股”、砍掉基层的“脑袋”、砍掉全身的“赘肉”（见图9－2）。

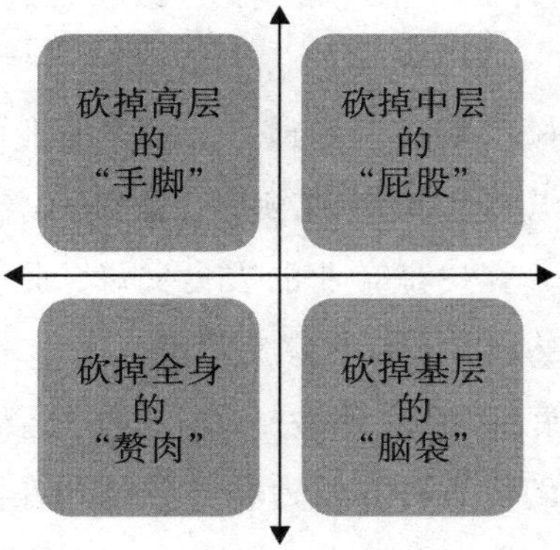

图9－2　华为“四砍”

1．第一砍，砍掉高层的“手脚”

任正非提出，高层干部要砍掉他们的“手”和“脚”，只留下“脑袋”，用来制定战略、指明方向、洞悉市场、运筹帷幄，决胜于千里之外，而不是习惯性地深入一线、深入具体的事务性工作中；也不能只是卷起裤管和袖子，埋头干活，要学会专注于领导职能，指挥协调团队作战。

砍掉高层管理者的“手”和“脚”，只留下“脑袋”，让他们没有机会去插手中基层的“琐事”，而是专心于洞察市场、公司战略、团队搭建等影响公司未来的“大事”，目的是让高层保持头脑勤快，而不要用手脚上的勤快掩盖思想上的懒惰。

2. 第二砍，砍掉中层的“屁股”

中层干部是企业组织的中流砥柱，是承上启下最重要的一环。在华为，中层干部的作用同样重要，甚至要求更高。砍掉中层干部的“屁股”，包含着多重含义。

（1）让中层干部行动起来。屁股是用来坐的，砍掉屁股就不能坐了。既然中层干部肩负着承上启下的重要职责，那就必须要熟知公司第一线员工的状况。任正非本人都经常下到第一线，近距离视察员工们的工作状态，中层干部又有什么理由整天坐在办公室里，做高层和基层之间的传话筒呢？砍掉中层干部的“屁股”，让中层干部经常到第一线去，这样才能够及时倾听一线的声音。

（2）让中层干部眼睛盯着该看的地方。很多企业的中层干部为了升官发财，只顾着讨好领导。当他们脸朝着领导，眼睛盯着领导点头哈腰的时候，屁股对着的只能是客户。客户是企业的衣食父母，是企业的根本所在。一个企业如果没了客户，要高层又有什么意义呢？

砍掉中层干部的“屁股”，也就是要砍掉那些只会用脸对着领导，用“屁股”对着客户的人。他们将所有的精力和本领都用在溜须拍马上，而不是更好地服务客户。这种人，是不称职的，也是华为不需要的。

（3）让中层干部以大局为重。“屁股决定脑袋”是近些年很流行的一句话，意为一个人在发表观点的时候，必然是有其立场的。这个立场，就是屁股坐着的地方，而脑袋就是思考的根本。

在公司中，中层干部不该由自己的屁股决定脑袋。一个部门如果遇到了困难，如果不能顺利完成自己的工作，其他部门不应该怕承担风险而冷眼旁观看笑话，应该果断伸出援手。只有所有的部门都好了，公司才能好，单个部门也才有更好的发展空间。中层干部如果只从自己的角度出发，只关注自己部门的利益，从整个公司的大局来看，这是有害无益的。

3．第三砍，砍掉基层员工的“脑袋”

脑袋是用来思考的。对于公司高层干部来说，思考公司的发展与未来应该是他们所做的事情。而基层员工呢？需要的是坚定不移地执行高层领导所制定的战略，而无须进行过多的胡思乱想，埋头往前冲即可。

以华为如今的地位，能够进入华为的也都是精英。每个能成为精英的人都是善于思考的，都是有野心的。但是，眼界是非常宝贵的东西，是一个刚刚进入公司的精英不一定拥有的。当你在真正理解企业的结构为什么是这样、工作的程序是怎样制定的之前，所有的思考都只能让公司的高层发笑。

砍掉基层员工的“脑袋”，即要求所有的基层员工不管背景有多好，学历有多高，在成为公司基层员工以后，都要避免眼高手低。少说多做，遵守公司的制度，沉下心来，先做好执行者。不要好高骛远，在工作中随性发挥，甚至动不动从战略高度上为公司建言献策、写“万言书”。

试想一下，一个没有经验、没有实践、刚刚进入公司的员工，能够有多少经得起市场检验的真知灼见？显然是不多的。即便不是华为，只是一家小公司，刚刚进入公司，连公司运作方式都没完全明白的基层员工也不可能提出什么有用的意见。

所以，作为一名基层员工，只要有足够的执行力，按既定要求和流程去落实，能够完美执行上级派发的任务即可。

4．第四砍，砍掉全身上下的“赘肉”

何为“赘肉”？“赘肉”即团队中的保守思想、懒惰思想、坐享其成的安逸思想、臃肿组织机构以及一切妨碍团队高效行动的消极因素。具体而言，华为要砍掉的“赘肉”主要有以下几种：

（1）保守思想。在经济大潮中，团队成员的思想保守是一件非常可怕的事情。如果企业的思想不够先进、不够开放，那么即使产品再好，也难以摆脱小作坊的模式。华为要做全球顶尖的企业，就必须要脱离小作坊阶段，拥有真正的先进思想和全球格局。

（2）坐车思想。坐车思想是华为越做越大以后，公司内老员工产生的一种思想。华为就像是一辆飞奔的列车，而过去大家都在拼命拉车，当车跑得越来越远，当初拉车的人成了既得利益者，开始心安理得地坐车。坐车的人多了，拉车的人就少了，那么早晚有一天，车就会停下来。

华为的发展速度远超其他人的想象，正是因为华为发展的速度太快了，华为的老员工功成名就，导致大量功勋卓著的人开始沉湎于已经取得的成绩，失去了不断冲刺的劲头。砍掉坐车思想这块“赘肉”，有利于华为员工保持积极向上的劲头，保证兢兢业业的工作状态。为此，华为制定了严格的末位淘汰制度、轮岗制度和内部竞聘制度以及辞退制度，来保持员工的危机意识，使员工克服坐车思想，继续做一名精进的奋斗者。

（3）金饭碗思想。“多劳多得，少劳少得，不劳不得”一直是人们广为认可的价值观。但是，很多人抱着一种能进一家好企业，只要不犯错，就等于端上了金饭碗的想法。这样的员工虽然不会有大错，但是当一天和尚撞一天钟的思想必然会拖慢整个公司前进的步伐。

任正非特意写了致新员工的一封信，在信中明确说明来到华为并不意味着就能得到高收入，就端上了金饭碗。想要成功，就必须要脚踏实地一步步前进，就必须要兢兢业业地努力工作。努力奋斗的人自然就能端上金饭碗，而想要混日子的人连饭碗都不会有。那些想要躺在功劳簿上的老员工和以为进了华为就能得到丰厚待遇的新员工，都是要被砍掉的“赘肉”。

华为通过以上“四砍”，消除了团队中有碍团队效能提升的不和谐因素，使团队上下各司其职、密切配合，保持思想和行动高度的一致。

学先进：先僵化，后优化，再固化

1995 年，华为步入发展的快车道，针对公司管理模式的总结和变革被提上日程，《华为基本法》开始起草。经过大量的内部会议和研讨，任正非决定借助外脑来提升华为管理水准。1996 年，华为请来合益集团香港分公司对华为的管理模式进行咨询诊断。

在任正非看来，学习国际一流企业的成功经验能够让华为少走弯路、少交学费。为更好学习跨国公司付出巨大代价总结出来的成功经验，任正非前往美国先后实地考察了 IBM 公司、惠普公司和贝尔实验室。此行之后，华为开始全面引进国际化的管理体系和战略体系，耗巨资引入了 IBM 的集成产品开发体系、集成供应链管理体系以及业务领导力模型战略管理体系。

国际化的管理理念和标准化运作模式，同华为本土化的企业运营理念及野蛮生长的企业文化发生了冲撞，引起了企业内部员工较为强烈的排斥心理和抵触情绪。1999 年 11 月，在集成产品开发体系实施第一阶段总结会议上，任正非坚定地指出：“我们切忌产生中国版本、华为版本的幻想。引进要先僵化，后优化，还要注意固化。在当前两三年之内以理解消化为主，两三年后，允许有适当的改进。集成产品开发关系到公司未来的生存与发展，各级组织、各级部门都要充分认识到它的重要性。我们是要先买一双美国鞋，不合脚，就削足适履。”

强力推进的结果，是融合的过程充满了阵痛。任正非的态度异常坚决，提出“不适应的人下岗，抵触的人撤职”，而在随后的 IT 变革小组会议上，任正非再次严厉提出：“37 码就是 37 码，脚大了就把脚砍掉一些也得穿，不愿砍脚的人，你就到那边去做大脚女人，种地去，靠边站。”

很多时候，拿来主义并不适用于企业管理实践，而华为在战略管理模式上的拿来主义，则在任正非的铁腕推进下，先僵化，后优化，再固化，而取得了巨大的成效，使华为成了一家规范化运作、具备战略竞争优势的全球化公司（见图9－3）。

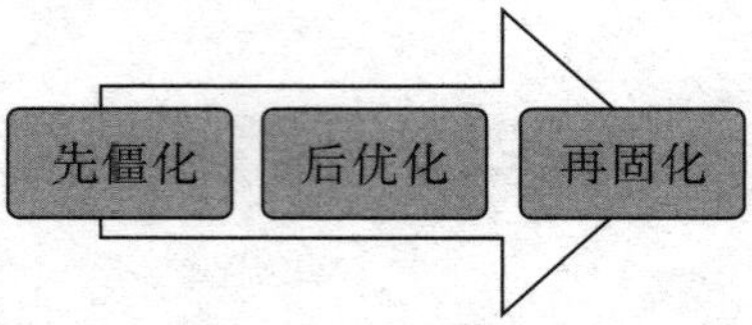

图9－3　华为战略管理“三步走”

1．先僵化：无遗漏地模仿与复制

《华为基本法》第三条提出：“公司要广泛吸收世界电子信息领域的最新研究成果，虚心向国内外优秀企业学习，在独立自主的基础上，开放合作地发展领先的核心技术体系，用我们卓越的产品自立于世界通信列强之林。”

事实上，华为向一流企业学习的不仅仅是技术，更包括管理理念和管理体系。

相对而言，技术更易于学习，而管理战略和管理体系的引入与学习，则容易引发企业内部的抵触情绪，如何去学习，是一项艺术。

华为引入管理战略和管理体系的第一个阶段是僵化，僵化即是学习初期阶段的“削足适履”，即企业需忍住阵痛来适应学习对象，而非让学习对象来适应企业。

所谓僵化，即全面地、系统地、无遗漏地模仿和复制学习对象的一切管理思想和方法论，僵化过程是全面学习和复制的过程，不能做任何改进和创新。当然，这种照单全收的做法会冲击企业原有的管理体系、业务体系、文化体系和执行体系，会引发诸多冲突，此时应顶住压力，否则，如果在该阶段就开始灵活变通，那么将会导致整个管理体系引进和学习的彻底流产。

在任正非看来，不论是从东方人的特性看，还是从华为所处的发展阶段衡量，企业都不具备直接搞国外管理模式的中国版本，而必须先僵化，核心是教条、机械地落实国外引入的管理战略和管理体系。否则，可能就正如任正非所言的，“我们向西方学习过程中，要防止东方人好于幻想的习惯，否则不可能真正学习到管理的真谛”。

2. 后优化：确保持续的管理进步

优化是僵化后的必然阶段，只有经过僵化阶段“照本宣科”式的学习，企业才能全面深刻地理解引入管理体系的精华所在，才能意识到其对于企业的真正价值所在。

优化应在学会的前提下进行，需坚持的基本原则是改良主义，而非全盘推翻，优化的目的是使得企业的管理实践更加高效、更加实用，而不是对西方式战略理念和管理理念进行中国式改造，使之变身为中国式管理或华为式管理。对此，任正非曾明确表示“我坚决反对搞中国版的管理、华为特色的管理，我们不是追求名，而是追求实际使用”。

在优化的战术层面，华为倡导所有员工需尽心尽力，在优化改良的过程中，要经常连续追问5个“为什么”。

何为5个“为什么”？大野耐一在他的《丰田生产方式》一书中用一个案例进行了说明——

比如，一台机器不转动了，工作人员就要问：

第一问：“为什么机器停了？”

“因为超负荷保险丝断了。”

第二问：“为什么超负荷了呢？”

“因为轴承部分的润滑不够。”

第三问：“为什么润滑不够？”

“因为润滑泵吸不上油来。”

第四问：“为什么吸不上油来呢？”

“因为油泵轴磨损松动了。”

第五问：“为什么磨损了呢？”

“因为没有安装过滤器混进了铁屑。”

经过连续地追问 5 个“为什么”，才能发现问题的根本原因——没有安装过滤器。在优化过程中，也要采纳同样的推进思路和追问方法，如此方能体现员工的尽心尽力。

只有不断改进、不断反思、不断优化，才能让优化上升为一种企业文化，持续的管理进步才能得到保障，公司才有未来。

3. 再固化：上升到制度和文化层面

固化是将僵化和优化的成果上升到企业制度和文化层面，使之转变为制度体系和文化体系，用以指导和监督组织成员的行为方式，最终固化大家的思想与意识。

固化的关键在于实现“两化”，即例行化、规范化。

所谓“例行化”，主要是实现管理体系的制度化和程序化，不断将例外事项转变为例行事项，实现“例外事项例行化，经验知识科学化，权力空间责任化”，将企业所有事务、权力、责任统统纳入流程，使一切没有被规定和没有被管理的人、事、细节都成为规定和惯例。

所谓“规范化”，就是要实现工作的模板化、标准化。举例来说，一个新员工，只需按照既有的模板和操作标准，按照操作步骤就能尽快实现上手，尽快做到职业化，而不必再去摸索，再走弯路。

例行化、规范化的结果就是固化，也是简化。当然，固化并不等于永远不再改变，而是将经过实践检验的管理战略和管理体系转化成一种永恒的内在机制，它可以实现持续的自我更新与自我优化。

管理创新：不断改良，先立后破，无限逼近合理

团队的规章制度要与时俱进，不能一味地固守己见。“祖宗之法不可变”的说法已经过时，对今天的企业来说尤其不能采取这种错误态度。华为主张企业需进行科学性的“变法”，要始终让企业的步伐保持协调。对于一些尚未实践的制度，不妨先“立”后“破”，避免在废除旧法之后，没有新法可用。因为废除旧法却还未建立新法往往会在制度上形成真空地带，混乱也会由此产生。

在建立企业制度方面，因循守旧是不可取的；但也不能完全摒弃老方法，毕竟重视老方法可以使企业获得许多宝贵的经验。与此同时，现代企业制定制度一定要科学汲取先进管理的养分，不能进行“拆台式”的组织变革，而应采取“补台”的政策，以改良为主，避免“翻天覆地”的改革。

随着信息产业的不断扩大和日益复杂，管理不开放逐渐变得举步维艰，越来越不适用于现代企业。华为认为企业不应回避矛盾，而应迎难而上，积极开展管理创新，既要抓住未来的机会，也要勇于迎接未来的挑战。华为要求员工要脚踏实地地从现在做起，从自我做起，勇于做出承诺和承担责任，循序渐进地改进管理，提高自身的管理能力和管理有效性。戒骄戒躁，艰苦奋斗，这样企业才能到达成功的彼岸。

在企业的发展道路上，一味追求速度、遇事好大喜功都是不可取的。争取全面胜利是不可能做到的，所以我们要否定全面胜利，反对完美主义。华为从来没有全面胜利过，从组织改革到系统再造，华为一直在不断改革，但

始终都在趋于完美的路上。对企业来说，循序渐进的进步是重要的，全面的进步可想却不可行，一开始就进行全面作战只会给企业带来恐惧和畏缩。企业运营需要做好准备，要预测最严重的情况，并对问题做最坏的考虑，筹码全部压在一个赌注上，一旦失败，便会满盘皆输。同时，还会使人的情绪产生连锁性的波动，使人一蹶不振，无法再东山再起。因此，任正非曾对员工一再强调："我们宁可放慢速度，不要急于求成。"

华为在已有管理体系的基础上，坚持进行流程优化，使自己的管理体系不断趋于完善。对于管理体系的不断优化，任正非坚持这样的理念，即"不断改良，先立后破，无限逼近合理"。平时坚持小改进，对成功改进的人和部门进行大奖励，这是华为长期坚持的方针。

与其说华为的组织调整与建设是改革，不如说它是改良。改良是渐进式的，而改革更像是疾风骤雨式的。华为在遇到机遇和挑战时始终会有张有弛、把握节奏，而绝不做没有把握和趋于失控的事情。

任正非主张："管理者应是一个改良主义者，而不应是一个激进主义者。"进一步来说就是，管理需要循序渐进地改进和进步。管理者不能让问题堆积起来后，再去试图"力挽狂澜"。管理是要不断地疏导问题，而不是大刀阔斧地一次性解决问题。管理者若只追求个人英雄主义，认为自己可以一次解决所有问题，那么这样的管理者往往是不合格的。

对企业来说，盲目追求管理创新和制度创新或是为了创新而创新都是不明智的做法。或许企业创新的初衷是好的，比如是为了提升企业核心竞争力、为了提高员工工作效率等，但是经常进行创新的变革，企业内外秩序便很难稳定下来。

改革的"改"字究竟是指什么，这是需要慎重考虑的问题。企业不能因为外界的一丝风吹草动，便草率行动进行改革。企业的有效程序需要长期运行才能发挥更大的效用。管理者不能因为出现一点问题就去频繁地改动它。这是因为草率改动程序所花费的成本常常会抵消掉程序改进后增加的效益。管理者要严格把好改革的关，适当做到保守，不能太过激进，要始终有自己的主见，不能听之任之，人云亦云。

华为也曾面临冬天。在那个阶段，许多管理者会常喊"狼来了"，喊得多了，“狼”却迟迟不来，于是华为人渐渐都不信了。但是，当“狼”真来的时候，华为人却还蒙在鼓里，对其一无所知。如今的华为是一个拥有危机意识的企业，它不仅经常对企业危机展开讨论，还十分注重细节，也经常对部门危机、科室危机和流程危机进行讨论。在讨论的同时，华为不忘发出质疑：如何改进？还能继续改进吗？在不断地改进之后，企业的人均效益还能再提高吗？在华为看来，如果能将这些问题都讨论清楚，那么企业是不可能灭亡的，相反，企业会焕发出朝气，变得更加富有活力地发展。华为每年都会分析自己的管理要点，并反思这些要点能否对员工的工作有所改进，若能改进，便说明管理和员工乃至企业都前进了。

华为长期坚持“小改进、大奖励”的改良方针。小改进也能做大文章，只要综合分析一个个小改进，不断归纳和总结，将小改进融入公司战略目标的流程，保持其与周边流程的和谐，就能让小改进发挥巨大的作用，推动企业快速向前发展。小改进的方式是简化和优化，目的是固化。小改进的成果如何需要依据它所提高的贡献率来评定。

一个企业的管理若是成熟的，那么管理者只需在后来的实践中不断去完善它，而不是用突发奇想的创新去改变它。因为改变它就相当于破坏它。无生命的管理是一种自动管理，这种管理模式会在一代代管理者的优化中不断变得成熟，会随着时间的推移变得更加富有水平。

创新是需要成本的，华为称这种成本为“变革成本”。如果变革成本超过创新的总贡献，那么这就是一个失败的创新，它不会给企业带来任何好处，或者说它对企业有百害而无一利。改良不等于创新，改良是从有到好，创新是从无到有。企业经过多年积累的管理程序必定有其优越之处，若只重创新，不重改良，只会让过去的努力白费。

华为认为任何企业都应该进行持久的改进管理，但是改进的过程绝不能太过激进。对企业来说，每年进步一点点，哪怕只有1%，数十年之后便能产生质变。持久的改进能让企业长盛不衰，并能使企业在不知不觉中变得伟大起来。

企业需要耐心，需要“谋定而后动”。同时，企业也需要勇敢地面对自己的“病灶”，敢于对一切不符合企业利益的东西进行改革。从粗放运作到精细运作，企业可能在多年的努力中有了较大的进步，但面对未来发展瓶颈，企业又如何更进一步呢？答案就是通过管理进步带动企业效益，实现企业再进步。在管理方面，华为主张持续的改良，而不主张大幅度的变革。

自创立以来，华为30年从未停止过变革的步伐，但始终没有经历大起大落的变革。因为华为很清楚大幅度的变革只会让企业付出生命的代价。华为几十年的变革都是缓慢的、循序渐进的、日渐改良的。很多时候，华为人都不会感觉到这种变革，但当华为取得成功时，人们才意识到这种变革的神奇之处。大起大落的变革、围绕个人英雄主义的变革，只会把企业搞垮，让个人的成功取代集体的成功。

华为不提倡激进的改革，而提倡具有继承性的缓慢改良。理想化的改革只会扰乱现实，让企业看不清前进的方向。改良要比改革来得实际和有效。彻底推倒一切，从头再来，这只是失败者的自我激励，绝不是成功者的商业信条。

对任何企业来说，急于求成的变革都要不得。缓慢前行虽然很考验耐性，但只要坚持便是脚踏实地的进步。一个长远的目标，切不可盲目地要求在一两年之内完成它，因为过于苛刻的目标只会打击人的积极性。华为的长期目标通常会规定在5～10年内逐步实现，快速改革只会让上下要素无法对齐，以至于阻断流程关键节点。就像走路一样，走得过快很容易摔倒，若是摔断了腿，那损失是惨重的。

推荐阅读

一本书读懂汪滔和他的大疆！

书名： 汪滔：
让梦想飞得更高
作者： 高林
书号： 978－7－5454－8527－1
定价： 55 元
出版日期： 2023 年 1 月
出版社： 广东经济出版社

完整系统解读董明珠和格力的实力之作！

书名： 霸气女皇董明珠：
全球最大空调企业格力成长内幕
作者： 魏昕 刘云菲
书号： 978－7－5454－4588－6
定价： 48 元
出版日期： 2017 年 10 月
出版社： 广东经济出版社

明明白白合伙，清清楚楚分钱！

书名： 合伙制：
重新定义企业的组织形式
作者： 解银坤
书号： 978－7－5454－5402－4
定价： 45 元
出版日期： 2017 年 6 月
出版社： 广东经济出版社

揭秘中国完美创业团队的创业历程！

书名： 这才叫合伙创业：
从携程、如家到华住的启示（升级版）
作者： 高慕
书号： 978－7－5454－8314－7
定价： 72 元
出版日期： 2022 年 5 月
出版社： 广东经济出版社

推荐阅读

以简驭繁，让绩效管理回归简单！

书名：极简绩效管理法
作者：李彬
书号：978－7－5454－6604－1
定价：45 元
出版日期：2019 年 5 月
出版社：广东经济出版社

360 度详解如何开展高质量的招聘面谈！

书名：极简招聘面谈法：
15 分钟面谈组建高效团队
作者：羡婕
书号：978－7－5454－7603－3
定价：45 元
出版日期：2021 年 2 月
出版社：广东经济出版社

解决零基础管理新手的六大关键问题！

书名：上任第一年：
小团队管理全攻略
作者：林国峰
书号：978－7－5454－6946－2
定价：45 元
出版日期：2020 年 1 月
出版社：广东经济出版社

跨界达人写给创业小白的实战书！

书名：30 分钟学创业：
手把手教你解决 7 大核心问题
作者：姚茂敦　杜春翔
书号：978－7－5454－8140－2
定价：48 元
出版日期：2022 年 6 月
出版社：广东经济出版社